逃げない流儀

四千億円稼いで「解任」された出版界の革命児
高橋一平（前竹書房会長）

小菅宏 Hiroshi Kosuga

逃げない流儀／目次

目次

はじめに

人はふたつの教育を受ける。ひとつは他人から受けるもので、他のひとつは自分が自分から受けるものである。

エドワード・ギボン（イギリスの歴史家）

人生の有為転変の序曲

人には時に屈辱を浴び、己の来し方を振り返る予期しない日が訪れる、ようだ。

株式会社竹書房前会長高橋一平（当時七三歳）は、平成二九（2017）年十月二五日の「人生をゆるがす出来事」を胸の奥に刻むことになる。

「過去四十五年で四千億円を稼いだ」と自負する出版人・高橋一平の矜持を粉々にする予兆はその二日前にあった。高橋が後継に任じた株式会社竹書房社長後藤明信の一言が発端だ。前々日に台風二一号が日本列島を襲った直後（平成二九年十月二三日）のこと。会長室の大枠の窓から望める街路に樹木の枝葉が乱れて舞う台風の余韻が漂う朝だ。

「会長にお話があります」
後藤の声音に幾らか緊張の気配があるのを一瞬、高橋が見逃したのは、この時の後藤の思惑をかつて面前から浴びたことはなかったから、と述懐する。これが後述する特異な出版物で市場を賑わせた竹書房からの「会社追放」の嚆矢とは思いもしなかったとは高橋の弁明だ。
「出版界の革命児」と呼ばれて出版業に身を挺した高橋の毀誉褒貶に、十歳で母と死別し、厳しい伯母に育てられて人生の風雪の機微を堪えた十八世紀の歴史家ギボン（『ローマ帝国衰亡史』著者）の冒頭の「名訓」が重なったのは偶然でない気がする。それは、「逃げない流儀」とは他人からも自分からも逃げられないと覚悟する人間の生き方の表出なのかと思考し、高橋の幾多の行状にその暗示が隠されている、と思えたからだ。

こんな理不尽なことがあっていいのか。

今回の門答取材は、質問応答の順序もなく高橋の「この発言」から始まり、本人にしてみれば、憤懣やるかたなしという口調に内心の鬱積が窺え、発端から緊迫した間合いを得なかった。

後藤（竹書房現社長）が三階の俺の部屋（会長室）のドアを叩いたのは、俺の通例の会長業務にとりかかる慌ただしい時間を見計らったかのようだった。滅多に単身で俺の元へ秘書を通さずに顔を見せることはない

のに、と思ったが、とりあえず話を聞こうと相手になった。

後藤の開口一番はこうだ。

「明後日午前十時に株主総会を開きますので、ご出席ください」

俺は、はあ？ と聞き返した。正直に明かせば過去、ウチ(株式会社竹書房)で株主総会(社則では毎年十月開催)を開いた事実はない。創立以来、十人の株主はほぼ決まっていて、毎年その再任の繰り返しだった。

だから反射的に、「なぜ今年に限って？」と聞き返したが、後藤は要件を念押しするでもなく、身を翻して会長室を出て行った。まったく呆れた物言いと考えつつも何を企んでいる？ とも敢えて追求しなかった。

俺には、一日中会長室に閉じこもっているなんていうのは愚の骨頂との信条があるので、デスクワークはなるべく出勤(午前八時)早々に仕上げる。その通例を破って、二日後に四五年間も開催したことがなかった株主総会を開催すると告げられ唖然としたのは当然だ。

少し冷静になり、なぜ「今」なのだって。当然、何かの魂胆を予測したがまさか、「俺の追い出し」、とはな。

幕開けを一気に語った高橋は一息入れた後で胸の内を引き継いだ。

言い古された言い回しだが、俺の人生のような上り坂下り坂の間隙に経験した、「まさか」だった（苦笑）。

俺は四十余年出版に全力を注いできた。そりゃいろいろトラブルや事故はあったが、全責任を背負うと覚悟して突っ走ってきた。過去に関して言えば一片の後悔もない。俺に責任を詰めろというのなら、その当座の時期に問うべきだ。ここ数年、ウチ（竹書房）の業績が下降しているのは事実だが、それを俺に問うなら今じゃないって話だ。

経営に参加してきた後藤（現社長）らの責任論も同時に詳《つまび》らかにするのが常道じゃないかと考えたが、大人の対応が大事とこのとき自重した。

過去四五年間、俺の信じるやり方（経営法）で会社を引っ張ってきた自負がある。それを後藤らも承知して享受もしてきたはずだ。

会長解任の経緯は後述（「二章・権力闘争の後始末」に詳細）するが、高橋の論調が端緒ある種、独善的に聞こえると思ったのは、自己への矜持が強いと感じたからだ。事前に新聞に載った高橋の「複数発言」を吟味したうえでの判断に基づくが、事実の本意はその時点で、時代の空気が読みとれる人脈と、自己表現できる言葉の感性が「出版業の源泉」との高橋の信条は、過去のメディアの記事内容を考察した結果から示唆され、筆者が導いた方向性に由ってである。

その要旨として、**「人脈を大事にして俺自身が読みたいと直感した企画を率先して実行した」**（「ざっくばらん・トップ登場」日本工業新聞・1994年10月31日付）、**『チャイニーズ・ドラゴン（中国巨龍）』は俺の長年の夢の実践だった。夢は見るだけではなく実行することに意味がある」**（「野遊人」スポーツニッポン・1994年10月31日付）、**「俺の人脈作りは全部、ウチ（竹書房）の出版物に影響があった」**（「社長直撃・竹書房」流通サービス・1994年11月11日付）、**「スキャンダルからは逃げない。むしろその部分にこそ社会の裏側が見える」**（「トップ群像・アントレプレナー奮戦記」毎日新聞・2001年1月26日付）、**「自分の勘に刺激を与えた出版物を世に出すのが俺の生き方。だから世間の空気に敏感に反応した」**（「読書トレンディ」読売新聞・2001年3月10日付）、**「仕事とは言葉で気持ちを通わせ、最後は人との信頼での繋がりなので、俺はウチ（竹書房）の社員を信じる」**（「トップ直撃」夕刊フジ・2009年2月10日付）などはその一節である。

右のメディアでの発言は過去四五年間の、零細出版社時代から引っ張ってきた日々を揺るがせにしないという独自の理論武装で疾駆してきた年月。それを窺わせる発言に聴いたせいでもある。果たして、出版界の革命児、あるいは風雲児の呼び名を持つ高橋一平の業界への「告発」と「告白」がどのように展開するのかを問い続けた著者との対峙が、本書の主題となる「対話激論」は始まった。

一章　激白・成功体験

夢は世界へ広がる

信条は、「人脈を築いて、世の中を感じる」

極論ではなく、好奇心を持って広く他業種を含めて多くの人と交わらない編集者は、編集をやる資格がない。これが俺の信念だ。

高橋は矢継ぎ早に発言する。右の一言の高橋人脈の真意の要旨とは、（彼の社会的身分の）出版人としての職業的な勘を独自に働かせて成り立つとする立ち位置に符合はする。さらにはその前提があって出版物は前に進むと信じ、それらの事例を過去の経験で多く学んできたと語る体験的な背景に拠る。出版物の是非は人脈が広がれば出版の機会を得、自ずと対象媒体は広がると強引なまでに聞こえるが、短絡的であれ単純な命題ではない。果たしてその方法論はどんな具合だったたか。

俺の人脈作りは、俺サイドが抱く主題の内幕に取り込み、協力をして惜しまず助け合うビジネスパートナーと考える。前提なくこれが第一だ。最初の段取りは、未知の相手の日程を調べておいて、パーティーなどで出会った先方の考えを受け止める。相手の立ち位置を尊重する。これが初対面で大事だと思う。そして何より、人脈は「言葉」で繋がり、出版社は事象を編集した「活字」で社会と結びつく。出版社と市場の阿吽の呼吸とは、読者の求める企画対象を間髪入れずに「活字化」する信念に基づいて「具体化（出版する）」することだと思う。

高橋はのっけから独自の人脈の重要さを開陳する。過去の経験が掛け値なく役立ったとの経験値を垣間見せる口調には迷いも衒《てら》いもない。

次に会う機会を約束して、そのときにこちらの本音を丁寧にぶつける具合だ。「本音を丁寧に」を忘れて功を焦ると決まってしくじる。俺が反省する経験を正直に明かせば、後で話す中国経済情報新聞「チャイニーズ・ドラゴン（中国巨龍）」も、日本で活動し、本国で情報網を持つ在日中国人とは、そういう風に知り合って企画を進めた（後述）。

あるいは目に留まる新聞記事の当人や、週刊誌で話題を集める人物は満遍なくチェックし、判断が付けばアポを取って取材もした。そのうえで関係者を調べ、ときには異例だが約束なしで訪問し、企画の主題を提示する接近法も初期段階には数多くやった。事前に出版趣旨の具体的な順路を提示してから臨んだ件も経験したが、どんな状況でも俺の本気を美辞麗句ではなくストレート（覚悟の意）にぶつけて臨んだ。

熱い思いのウルトラマン・シリーズ

筆者は具体例を説明して欲しいと質問する。高橋は語り始めた。

例としては、ウルトラマン・シリーズの復古版（昭和五十六年以降）だ。交渉の最初はまさに飛び込みだった。版権を所有する円谷プロダクションへ紹介者もなくオファーを送って、とにかく出版企画を読んで欲しいと頼み込んだ。その際、読者層を提示し、体裁や部数、定価、発売態勢など契約条件を「具体的」に話した。肝心なのは、どういった趣旨でどのような「編集物（表現法）」で出版するのかを相手方に納得してもらうかが第一条件と決めているのが俺のやり方だ。

俺の要点とは、原作のイメージを壊さずに「映像を紙文化とドッキングさせ、蘇らせる編集」と説明した。幅広い世代の漫画読者層を持つウチ（竹書房）の長所が決め手になると信じ、それを相手方に強調した。そして最後は詳細な契約内容の提示だ。俺はぶっちゃけて契約の数字を明らかにした。これは先方に対する誠意を示すと考えたし、同時にウチにはある種のプレッシャーにもなったが、やるしかないとの覚悟が後押しした。

先方は当初、胡散臭さもあったろうが、俺は成功商品に仕上げると保証して内情を率直に打ち明けるスタンス（立ち位置）を躊躇しなかった。説得に失敗しても恥とは考えなかったし、外聞など構わないと粘った。

実績を誇る先方は幾度かの交渉で根負けしたとは思わないがウチを信用した。曖昧な合意がイチバン拙いという俺の方策が結果として成功した。余りに世間的に有名だったウルトラマンを活字化するアイデアを出版他社は見逃していたと判断しての行動だったと自負する。

読者は動くウルトラマンを観ていても、活字化したウルトラマンは見ていない視点が「狙い目」だった。映像を活字化（イラスト&写真）で再表現する手段を実行したのは、そうした欲求を倍加する読者獲得への商業心理だと俺は思いつき、達成への成り行きに賭けた。算盤勘定を明かせば関連する十種に余る「ウルトラ製品完全カタログ」の売り上げは数億単位の利益を出した。

「当初は通例外の申し出に面食らいましたが、話し合ううちに売り上げデータなど隠し事のない実直さを感じたのです」（当時の編集プロダクション関係者）

海外企画への大いなる欲望

高橋は言葉を繋ぐ。話題は勇躍海外へ飛ぶ。

俺の関心は海外へも飛んだ。生来、閉鎖的な思考に偏りがちな日本人といったイメージは俺にはない。平成二（1990）年、日本の市場では限定的だった書籍の海外版映画市場に注目して、「アメリカ映画の文庫」を思いつき、アメリカへ向かった。

俺は1980年代の後半からヨーロッパ（独フランクフルト・ブックフェア展）へ毎年足を運んでいた。だから海外へ飛ぶのには抵抗がない。

アメリカでは一応、仲介人（エージェント）を調べたが、埒が明かない。我慢しきれず、面会できる確約の返事もないまま渡米し、相手の窓口を調べてこちらサイドの熱意を嘘偽りなくぶつけた。思い返せば無茶だったがこれも俺の性分なので突っ走るしかなかった(笑い)。

むろん、駆け引きはあったがダメでもともとの気持ちで胸の内を明かすと決めていた。この一点がビジネスライクで大事と信じるので、最後は、〝日本人はアメリカ映画が大好きです〟と決めていた殺し文句で攻めた。事実、それが現実だから躊躇《ためら》いはなかった。

現実を強く主張することが交渉ごとのイロハと信じ、数日の交渉の結果、相手側もこっちの熱意を汲んでくれた。契約を勝ちとれたのは、見栄も外聞も忘れて粘り強く交渉した結果で成立したと信じる。状況によっては土下座だって覚悟した。実際はそうならなかったが(大笑い)。

高橋の論調は一貫するが内容は四方八方に及び、ふたたび国内での成功例に戻る。

他に成功した国内企画について明かせば、絵本形式の「絶滅シリーズ」(平成四・1992年)の連続出版がある。

仮想のテーマでもあるので、逆にリアリティー(現物感)を表現するという狙いに俺は悩んだ。それでギャランティーは高いが業界で一流の専門のイラストレーターを口説き、細部に凝って描いてもらうことに決めた。その決断が大成功した。

こうした土壇場で、ギャランティー(報酬金)に拘《こだわ》っていたら勝機を逃す。それが俺の考え方だから、言い訳めくが多少疑問視する社内幹部の空気には躊躇しなかった。彼らは制作費を憂慮した。もちろん俺だって失敗する怖さを考えないわけじゃなかったが、一歩を踏み出すエネルギーが大事と周囲を納得させた。全責任は俺が持つと。

ただし次のような箴言がある。「最大の危険は勝利の瞬間にあり、凱旋から没落への距離はただ一歩にすぎない」(ナポレオン)。起因と結果という現実の行為の機微を忘れてはならないといった高橋の行為に対し、そのことが非凡に生きた「現実言語」であったとしても著者は敢えて、スタンダールの「シーザー以後世界に出現した最大の人物(「ナポレオン」佐藤正彰訳)」としたナポレオンの言葉を思わざるを得ない。それで自分自身の地位が前へ進められたと思うがどうなのかを問うた。独断専行ができる立場だからこその成功例にも聴こえたので、訊いた。

誤解しないで欲しい。部下が俺と同じ覚悟でぶつかってきたなら俺は受け入れた。後で明かす十年前からのＴＶで放映されたコミックの新ネタは担当スタッフのアイデアだった。成果を果たさなかった企画もあったが、失敗は責めない。挽回の機会をやると背中を押した。俺の流儀だからな。

ただ、同じしくじりは諌《いさ》めた。自分に甘える習慣は一度身につくとまた甘えに逃げるという繰り返しになる。それを恐れた。

失敗の経験を恥じない生き方

「それでは」、と質問を改めて「失敗例」を質問する。

もちろん失敗はあった。なかでも韓国でヌード中心の若者男性向け月刊誌を発売しようとした一件がある。言わば、「韓国版PLAYBOY」だ。人脈となった在日の人物を紹介され、誌名も「ホットウインド（HOT WIND）」に決めたが、政治状況に大きく左右される現地での受け入れ態勢が不備で具体的な採算も計算できず、断念した。

現地の状況は時機（1990年代初期）が早すぎたに尽きる。後で触れる中国経済情報新聞「チャイニーズ・ドラゴン（中国巨龍）」の時機尚早と、「ヘアヌード写真集」の発売逮捕とに関連する問題点を俺は有効利用にと思案したものだ。

「やはり周囲の環境（発売時期）の見極めは出版責任者の最大のカギのはず」（男性誌編集者）。人脈中心の単一的な企画のイケイケだけでは無理な経営判断に思えた。その点はどうなのか。

当然、人脈利用の成功率百％とはいかないが、一流のプロ野球選手の打撃率（三割）より効果的だったぞ。

比較対象が少しズレる印象を筆者は持ったが次を待った。高橋は己の話術に分かりやすい卑近の例を交える。それが論旨を相手に理解させる至近距離にと心得ると分かったからだ。

人と知り合っていう「顔見知りの関係」を築いただけでは宝の持ち腐れと感じる。直観力を際立たせる「見極めの感性」が大事だ。

俺がゴルフを始めたのは、出版界とはまったく関係のない複数の異業種のコンペに参加する意図が強く働いたのだ。

知り合いを増やす目論見が第一だった。だから人脈を得る手段として、いろいろなコンペに呼ばれ、顔を出した。お陰でゴルフの腕はシングルになった。負けず嫌いもあるが怪我の功名だ（笑い）。

現実として人脈からヒントを得た企画概要は硬軟取り混ぜて役に立った。成功しなかったが、中国経済情報新聞「チャイニーズ・ドラゴン（中国巨龍）」も日本で知り合った中国人の情報がヒントになった。

高橋は決して「失敗」とは口にせず、「成功しなかった」と繰り返す。この営業上での人生観が高橋を明白に象徴しているのは事実だ。とはいうものの、高橋の人物像が、「歴史は時折、われわれ普通の人間の生の感覚や思考を攪拌するために、異常な人物を送ってくることがある」（前出「信長」）というような特異な人物であるとまで指摘しないが。

築いた人脈との交流を自分の感性で取捨選択し、「発売する要点と時期」を見つけ出し、出版物として世に送り出す作業は結構、楽しかった。むろん簡単じゃないが、多少強引であっても、今の世に受け入れられるかどうかの風向きを見極める判断で実行し続けた。続けることが大事と信じてだ。

他社が手を出しにくく逡巡する「隙間」へ潜り込む時期を決断する、それが俺の「営業感覚」だ。営業的な直感が働くのは、常に真相が隠される時代の裏側への「好奇心」と、「その手ごたえ」を信じ、俺自身が得心しなければ再考し、そして追い込む結果の繰り返しだ。

確かに「人に会う」というのは神経を遣うし、時には億劫なときもあるが、考えてみてよ、それで疲れるなんて思うようじゃ何も手に入らない。そう自分に念じることが肝心だと思う。

自分の感性を研ぎ澄ましていなくては気づかないことが多い。人間は「隠された本音」に興味を刺激され、好奇心を疼かせられる。「その隠された部分」を切りとって活字化するのが俺らの仕事の本質だ。

出版物はある種、特殊な分野に属するが、受け手(購読者)の生き方に多く左右されるから、そうした読者意識に訴える企画(体裁・定価を含めて)が大事。読者獲得は今を生きる実感のなかでテーマが選択される緊急性が含まれるかどうかに売れ行きがかかっている。

知的好奇心を微妙に刺激する法

高橋の挙げる要件で購読者の知的好奇心を刺激する要素がなければ市場では歯牙にもかけられないと繰り返す。営業畑出身の高橋の「実感」とは、市場が求める関心事に「敏感になる感性の持ち方（姿勢）でなければ」と分かる。

端的には、「売れるかどうか」の「職業的な勘働き」の経験的な嗅覚であろうが、それだけでは不十分だ。各媒体に関し、高橋の場合、専門事業である紙媒体の出版物に限定されない。後述する連載漫画のTV化（「アカギ」「フリテンくん」他）、舞台（藤山寛美主演の松竹新喜劇）、高座（落語の立川談志・漫才の横山やすし西川きよし）のビデオ制作、映画関連文庫。さらに、中国経済情報新聞（「チャイニーズ・ドラゴン（中国巨龍）」）発行など多岐にわたる。

こうした広域分野を網羅する出版精神は、「子どもからヤクザ」までを読者対象に置く高橋の出版業の決定的な職業意識に拠るのは間違いない。

俺にとっては当然の発想だ。中小出版社の命脈はアイデアを活かし、世の中の流れを的確に見極める嗅覚（編集者の感性・筆者注）が求められるが、最初から企画対象の範囲を限定してはだめ。きっかけは広く浅くて構わないと思う。

肝心なのは読者対象を見定め、その出版対象物に自分がどのくらい「関心を集中できるか」が肝心だ。当の本人が夢中になれないモノが他人様に伝わるわけがない。

じゃあ、アイデアを生むにはどうするか。幅広い他分野の人間と交わって「世の流れを見極める感性」

を磨く努力を怠らないに限る。現実にそれだけに依存していてはダメだとは知っている。「感性を磨く」とは、世間の流れを皮膚で感じる習性を如何に自分の得意分野に取り込むか、それしかない。マンガもそうだ、ヌード写真集も映画文庫も、動物図鑑も。

なかでも、竹書房創立当時の最大の「売り」だった麻雀雑誌の存亡が鍵だと判断した。麻雀は当時(昭和四十年代から五十年代)人気の遊戯だったが、牌の展開が中心のストーリー性に疑問を持った。日本人が「個性重視」の時代(昭和五十年前半)に移りつつあるのを実感した俺は、麻雀の「読み物」が飽きられたと見極めた。

それで主人公の個性を前面に描いたらと思いつき提案した。自分の描く領域を死守する漫画家との話し合いには根《こん》を詰めたが、ストーリーよりキャラクター重視を時代が求めると説き伏せた。

主観を強く持つ漫画家と色々あったが、喜怒哀楽に富んだ主人公の個性をストーリーの中心に描く「麻雀劇画」に方向転換し、売り上げを三倍に増やした時期にこそ、要は物事を「多元的に読み解く」脳の働きが重要と改めて思い知ったときだ。

読者の欲求を引き寄せる「習性」

昭和から平成へかけて多様化する市場が求める実体を把握するのを高橋は第一義にしたと明かす。要は、世間が何を欲し、知識として納得したいかという「読者感覚を掴む実感」という意味に於いてである。人間の欲望は、権力・カネ・美だが、一般的に日本人の教育水準は高い。その内部で欲する実体とは、他人より広く知っていたいという「欲望」であろう。その多様化する優越を施す手立ての一つを出版物は提供できると高橋は告げる。

それが叶うには、自分の「モノを観る立ち位置」を真新にして(対象物を偏見なしに視る習慣・筆者の解釈)**世の中へ飛び込む覚悟と勇気を正真正銘持てるかどうかで決まる。そうした「モノを売る原点」は、経験則**(昭和四十年後半から昭和五十年代)**で俺自身は身に染み込ませた。**

高橋語録の職業意識を「世の流れ(共通する欲求)を掴む感性」と把握すれば、「出版物作りへの好奇心」と言い直せるが、人は好奇心を抱けば動かざるを得ない、本質的に人は己の興味を制御できないものだ。高橋の主張である、「好奇心のない者は去れ」とは、端的にそれが高橋のモットーであるように聴くからだが、それだけの短絡的な思考だけではないはず。筆者はその段階で高橋の経験則に多様性は感じなかった。人それぞれの「生き方」があり、それが各分野での特性と思うゆえだ。

なるほど当然だが、人間一人の考えなどタカが知れている。だが、誰かがヒントを投げなければ始まらない。そのヒントをどうやって商品化(出版)**するかが編集者の腕の見せどころだ。俺が四六時中世間を観察し、その感触を会社**(竹書房)**の編集者に投げ続けたのは、俺は占い師ではないが、俺流の謎かけ**(暗示)

だった。

現実として、人脈を築くとはどういうスタンス（テーマへの向き合い）のことか。自分の視野を広げて世の中の流れを探る手立ての後押しとする原動力、とは思うがすべてではない。社会の仕組みのなかで人との関わり合いは短絡的にこちらの都合だけで成り立たない。

高橋は自らの出版事業の方法論として、好奇心を満たす対価が出版物に如何にして繋げられるかを前提にする、と語る。真意はどこにあるのか。

出版に繋げる（発売）とは、そのときの「市場に価値があるか」の判断だ。売り上げが低下し、内容変更でキャラクター重視に方向転換した「麻雀劇画」然り、子どもを持つ親世代の郷愁を刺激して成功した「ウルトラマン・シリーズ」然り、当時、どの他社も手を付けなかった未開発のアメリカ映画の文庫然り、「やすし・きよし、談志」のお笑いや、「藤山寛美劇場のＤＶＤ」然り、常識破りの「月刊ヘアヌード写真」然りだ。

「やす・きよ」と「藤山寛美」は純粋に俺が面白かったので、大阪へ飛び吉本興業や松竹に直接話を持ち込んだ。「談志」は俺の人脈だった（後述）。「ヘアヌード写真集」は発刊まで竹書房での幾冊もの写真集発行の地ならしがあって成果があった。

どれも時代の要請に合致した結果で、どこの出版社より「早く安く出版」した。もちろん、どのくらい「売れる」かの算段を間違わない判断(同時に責任)が第一であっても、世間の需要(関心と売り上げ)をどうやって取り込むかの「選択」と「手段」が俺には重要だった。

高橋流の有効な武器とは、繰り返しになるが他分野を含む「人脈を得る」との覚悟に結びついて成立する。高橋戦術とは彼の経験的論理に拠るという論調だが、高橋には彼自身の報奨系の脳内物資を刺激する役割も手伝ったに相違ないと推察する。

常識を疑うのが「流儀」

敢えて、「ベストセラーはなぜ生まれるか」を訊いた。

無くては困る本、この一言だ。俺もそれを信念にしてきた。くどいようだが、編集者個人の思考など狭い範囲でしかない。俺は漫画の内容を個人優先の時代の風潮に合わせ、キャラクターの個性重視に徹底させた。他の出版物も俺の好奇心と人脈から賛意を感じ、出版のヒント(暗示)を得た。

俺個人の知り合いは多方面にわたる。株式会社竹書房の基盤を保っていたとの自負もある。「発想と人脈は出版人の命綱」とは絶対に崩せない条理だし、その徹底した「売ってやる」の精神を崩しては明日がないとの信念で竹書房の立ち上げに参画した。

大手と言われる先発の出版社と中堅出版社の竹書房が丁々発止で闘ってこられたのは、経営危機を含めて目の前の難事から「逃げない精神」で一歩も引かなかったからだ。正直、痩せ我慢もあったが、失敗を恐れない決断を学んだ基本は、俺たちにもできる、という諦めない覚悟だ。それしかない。だからこそ世間の関心事に拘《こだわ》った。流行・事件・事故・話題の人物などの資料を読み込み、共通するポイントを探った。

そこで分かったことは、「これまでの常識を覆す」一手だ。

日本人というのは生来、常識を重んじ、右へ倣《なら》えとすることで社会に馴染む性向がある。

狙いはそこだと合点した。ウチでヒットした「絶滅シリーズ」も「動物図鑑」「洋画文庫」も、昭和五十年代まで書店で探すと目立たない棚(ジャンル)に置いてあった。だから逆に好機と考えた。率先して編集上(イラストや説明文)での「分かりやすさ」を加えて、読者が知りたいことを「平易に見やすくする編集」に徹すべしとの結論を現場で得た。売り上げはその効果だ。

そうした「社会性」を一歩裏から編集する企画が、少しでも世の中に受け入れられたという感触に拠ってこそが出版事業の使命と、高橋は主張する。なるほど、待ち構えていると意識する苦難は誰にも鬱陶しい。避けたくなる。逃げたくなる。他人に押し付けたい衝動に駆られる。だが逃げずに成し遂げた暁に、美辞麗句ではないが達成感と充実感に包まれるのは確か。その原理を高橋は覚悟と表現し、逃げない指向を「流儀」と語る。本著の核心である。

二章　暴露・権力闘争の後始末

盟友の小松政夫と

唐突な株主総会の裏側

出版界の風雲児と呼ばれる男の社内での内部闘争は身近なところから起きた。高橋の「会社追放」は「社内クーデター」の様相だったのだ。

その日(平成二九年十月二三日・前述)。他社が手を拱《こまね》く題材をコンテンツに据える出版業を絶対的経営理論と信じる高橋一平の、「逃げない流儀」を削《そ》ぐ勢いの嵐が吹いた日のことである。

株式会社竹書房は昭和四七(1972)年十月に野口恭一郎が設立。資本金七三六〇万円(平成十三年時)、従業員約百人。グループ売上高百五十億円(平成十二年七月期)。創立時、高橋が当時勤務していたノーベル書房が倒産した行きがかりで、高橋一平は創業者野口に乞われて参加する。

設立当初は編集三名で営業は高橋のみ、他に一名の五名での出発であった。ノーベル書房時代の常人の発想を覆す高橋の「営業譚(逸話)」は、後に詳細する。

竹書房の「株主総会」の顛末に移る。株主に対する株主総会開会の告知には定めがある(「会社法第299条」)。

「今回の株主総会はなんのためだ!」

俺は後藤に詰め寄った。この四五年間、竹書房は株式会社とは名ばかりで一度として株主総会は開かなかった。顧問弁護士に任せてそれで万事、済んできた。起きたことには必ず原因がある。過去に起きなかったことが前触れもなく起きるはずがない。勘が働いた。

これまで温和に映っていた後藤のその朝の、かつてない立ち居振る舞いに疑いを感じた裏が見えた気がしたのだ。

法律を武器にした一種の「卓袱台《ちゃぶだい》返し」の印象にも感じるが、事前に高橋は現社長派の「株主総会の議題提出の動き」を察し得なかったのか。だとすれば社内でのコミュニケーション不足の誹《そし》りは免れない。高橋自身にも原因の一端があるのではないかと。結果を見れば合法的であるが、明らかに「社内転覆」の動きである。

クーデターと言いたいのか。俺はそうは思わない。俺の会社(竹書房)への思い入れは入社以来、一切変わっていない。俺を責めるより、会社の実体を見極めろと言いたい。みんな本作りが好きで、そのために知恵と汗を流す。俺と同様に、編集者は言語表現ができる会社(出版社)が好きなのだ。もちろん、営業の力は必要だが。

「実体」とは当然に「業績」にと思い至る。ならば会長の高橋以下、現社長は共同責任を負わなければならないだろう。ゆえに、「幹部間の合議(コミュニケーション)」が重要と指摘したが、にしても、竹書房の株主総会には奇妙な印象が付きまとい、唐突感は否めないのも事実としてある。高橋の思惑もその側面にあったと本人は弁明するが、実態は決定的な「経営上の相違点」が高橋と社長派に生じていたと分かる。

（現社長の）後藤は明確な返答をしなかったが、財政縮小で単価切り下げを考えていた（ようだ）。俺の企画に予算が掛かりすぎるとの遠まわしの返事が返ってきたことで思い当たる。予算と経費の切りつめだ。しかし、俺がそのことを考えていないわけではなかった。はっきり言っておく。

筆者は四年前、竹書房社員に社内の財務低迷（給与・ボーナス遅配）に関する「証言」を得たが、そのことと会長解任が結びつくかはこの段階では判断できなかった。

株主総会での出席者の表情を見て、やはりそうか、と思ったのは、後藤と総務・経理を一括する一派の「高橋一平の追い出しの陰謀」としか思えない集まりと判断したからだ。

前述の現社員の証言から二年を経ての平成二九（２０１７）年、竹書房の実績は下り斜線を描く。銀行からの借入金（平成二九年度時点）が約二十八億円（高橋談）を抱える状況に、アニメ以外に出版不況を乗り切る有効な手段を見いだせない後藤体制の、「指導力不足」に失望し、同時に高橋が追及する「（一部幹部の）金銭面の疑惑」によって起こった社内の権力闘争が根底にあると判明した。

結果、現社長（経営責任者）らは高橋の「追い込み」に抗う形で、「高橋追放」を株主総会の決議として法的に決議する仕儀を選択した。

高橋は経緯を語り始める冒頭に、「株主総会の少し前から社内の動きに疑念を抱いていた」と明かすが、その契機は次のような様相を描いて展開する。

「我々は事前に総会開催の主旨の概要は知らされていました。おそらく会長（高橋）だけが知らぬまま出席を要請されたと思います」（匿名希望の出席者）。

社内謀反の契機

平成二九（２０１７）年春だ。俺が出版をプロデュースし、コメディアン・小松政夫が自らの破天荒な生きざまを赤裸々に描いた「のぼせもんやけん」を原作にしたＮＨＫのＴＶドラマが、全国で毎週土曜日の二十時十五分から全八回放映（平成二九年九月二日開始）されることが決まった。

同書は「植木等とのぼせもん」（脚本・向井康介）の番組タイトル（題名）でドラマ化された。内容は一世を風靡したクレイジー・キャッツの「無責任男」植木等と弟子の小松の絆を描き、主演山本耕史の好演で評判を呼んだ。小松は植木等の付き人を永年勤めあげた苦労人だ。

小松とは互いに二十代から五十年来の付き合いがあったので、俺のプロデュースで会社（竹書房）から刊行した。

実は当時、後藤らのこの書籍の宣伝活動に俺は疑問を抱いた。だってそうだろう、天下のNHKの連続ドラマの原作に起用されたのだ。これ以上の宣伝のチャンスは滅多にない。なのに、現社長らは宣伝活動に消極的で、その姿勢が当時から腑に落ちなかった。


結果には原因がある。話の筋を聴いての印象は、社内の実体を高橋は見逃していたことになる。現実を脇に置いての追及は、独り相撲と呼ばれても仕方ないのではないかと思えたので、糺《ただ》さざるを得なくなった。


その質問こそは現実を認識していない暴論だ（憤然と筆者に反撃）。

売り上げアップの宣伝になるものはすべて利用して、実績の効率アップを考えるのは経営者の義務との俺の姿勢からすれば、ヤツら（現社長派）は真逆に映った。だから俺から行動に出ようと考えた。俺の考えとしては当然の行動だった。

「のぼせもんやけん」の一件を機にヤツらに対する疑念が現実的になったのは確かだ。自分が見込んだ後輩（社長起用）を疑うなんていうのは、後継を託した会社の責任者として社員に申し訳なく実に虚しい。

もともとが、俺は陽気な性格で陰気になるのは嫌いだ。ジョークを言って、はしゃいで見せて場を盛り上げるのが性に合っている。だから、夢を抱いて真面目に笑いを追い求める「小松（政夫）」を応援した。

小松政夫（本名・松崎雅臣）は福岡県福岡市博多区出身で、第10代日本喜劇人協会会長。小松は地元の高校を卒業後、横浜の就職先のトヨタ自動車のディーラーとしての横浜トヨペットで日本一のクルマ販売を記録するなど、売り込みの絶妙さと徹底したアフターサービスで名を上げ、車のセールス業界では知らぬ者がいないトップセールスマンだった。だが、現状に満足しなかった。

それで当時人気絶頂の植木等の付き人（運転手兼用）募集に応募し、採用される（昭和三九年一月）。以来、実の父親のように植木を敬慕し、植木も尽くす小松を可愛がる師弟愛は芸能界を超えて広く知られた。高橋との交友はこの直後から始まる。高橋も端緒は人後に落ちないと称する「営業マン」なので、トップセールスマンだった小松とは互いを認め合う仲だった（高橋談）。

小松政夫（俳優・コメディアン）の証言

「若い時分から長い付き合いのある会長（高橋一平）は、行動力が半端でなかった。思い立ったらまず動け。見習うべきはなんにでも100パーセントの努力を惜しまない人だった。オレはいつもハッパを掛けられた（苦笑）。

でもあの人の根底には正義感があったな。それだけは確かだ。二十代のときから迫力があったし、独特の嗅覚っていうのか、時代を観る眼をずっと感じた。そうしたブレない感性の持ち主ですね」

「酒の席には強引に誘われた」とも苦笑する小松だが、高橋の人柄に魅力を感じる口調を終始、隠さない。TVロケの昼休みに、「(高橋)会長のことなら」と筆者の取材に応じた喜劇人の大御所小松政夫は、高橋との半世紀に亘る付き合いを、「理想の上司って印象だ」と懐かしそうに語る。小松の口調には高橋に対する「敬愛」を感じたが、年齢は小松が二歳年長だ。

俺は小松の人情の裏側を惜しげもなく赤裸々に表現する芸を愛した。「電線マン音頭」や「シラケ鳥」「淀川長治の物真似」が一世を風靡し、「絶品芸」と評判を得たので、小松の下積みを知る俺は涙がこぼれるほどうれしかった。絶頂期も小松は俺との交流を忘れなかった。

ウチ(竹書房)でも俺の発案で小松の先輩喜劇役者・伊東四朗との二人芝居「エニシングゴーズ」(1995年発売)をビデオ発売し大好評を得た。

「少しは御恩が返せましたか」なんて小松は憎い言葉を掛けてくれた。人との交流というのは互いの成功を喜び、失意を慰め合える関係だと思うよ、俺と小松政夫のように。

仕組まれた株主総会は「茶番？」

話題はシビアな現実に移す。株式会社竹書房「初の株主総会」の当日に話を戻すと、社内の不穏な内幕が見え隠れすると察知した高橋は、創業初の株主総会の開催を疑心暗鬼しながら、竹書房本社ビル(東京都千代田区飯田橋）からクルマで五分足らずの神楽坂の貸会場へ向かった。隣に社長の後藤が座るが二人に会話はない。それぞれが相手の心中を憶測しながらの息苦しい車中であった、と高橋は明かす。

「私が社用車で会議室まで同行します」

後藤の言葉に、ふざけるな、との怒りが喉まで出かかった。過去、社用で同乗したこともなかった後藤が、その日に限って「同行する」という慇懃な口調に不審が募った。同乗を強要する理由は、俺をなんとしても会議場まで連れていく「意思」が働いていると直感した。

高橋は案内されるまま東京・神楽坂の貸会議室へ入った。会場にはすでに該当する株主が座って待機していた。細長い縦長の机の向かいに株主の創業者一族三名、映像・編集局長、営業・総務の幹部社員数名。こちら側に公認会計士などが座る。現社長が高橋に指示をしたのは、出口に近い「端の席」である。

俺には「隅の席に座れ」というのだ（当時を思い出し強い口調）。**気持ちが切れかけた。だが、自分が惨めになるとそのときは堪えた。**

順調に出世の階段を上ってきた人間にとっての最大の屈辱は、過去の実績に関係なく現況の否認である。まさにその場に高橋は立たされた。

最初から被告席の扱いで内心むかついた。会合開始から俺に不愉快な空気で、出席者が誰一人、俺を見なかったのはこれから起こる「一事」を事前に了解していたからと途中で感じた。嫌な時間の流れで、人には最低限の扱いっていうものがあるだろう。それが「大人の礼儀」だ。

自負心を歪められた忌々しさを一気に吐く高橋の心理を推測するに、屈辱で自尊心は土台を失い、同時にそれが自分にとって当日の現実だったとも思い知らねばならなかったに違いないと。

虚仮《こけ》にするのもいい加減にしろ！

俺は名目だけの株主総会が、予め「仕組まれたもの」であったのを思い知った。この会社のために心血を注いだ「歴史」は俺のなかに確かな記憶としてある。

創立時零細出版社だったのを、トータルで約四千億円まで稼いで積み上げた実績が俺に残る。当然に社員の協力もあったが、この実績に誰もイチャモンを吐けないはずだ。実績を残す俺を、「端っこの席」に座らせてなにが面白い。俺は道化じゃない。開始早々、怒鳴りたくなるのを堪えるだけで精いっぱいってところだった。

株主総会は開会早々から、この日の「本題（高橋会長解任動議）」に向かい、淡々と進行した。誰もなにも発言しない。高橋を除く出席者は全員、すでに総会の決議を承知していて、「結論ありき」の集まりは形式に則《のっと》った顔見世だった。

当日の高橋は俎上《そじょう》に載せられた鯉に等しかった。名目上、「株主総会」と表向きを繕《つくろ》った会合が、あらかじめ仕組まれた「謀略（後藤らは法に則り、正式の株主総会開催と主張する）」だったと高橋は打ち明ける。

後藤社長が司会進行し、形式的に今期の業務成績を報告したのち、「これが本題」と発言した。

後藤が、「高橋会長の留任に賛成の人は手を挙げてください」と発言したが、俺以外、誰も手を挙げない。後藤は予定されたシナリオを読むように、俺に告げた。「高橋会長、任期満了です」

予定通りの会議進行とは分かったが俺は反論した。

「解任ということか」ヤツらの思惑通りの会合の進行に、俺の性格として黙ってはいられなかった。俺の問いかけに出席者全員は視線を泳がせたまま対応できなかった。

前もって結末を知る出席者は誰も発言をしない。息苦しい無言が領する貸会議室に異論を許さない空気が重しのように圧し掛かった、という。前もって「結果在りき」が高橋以外の株主に通底していたのを本人はこのときに認識した。ならば、高橋がなぜもっと詳細な「解任事由」を問いただなさかったのかの疑問は残る。その点で高橋に迂闊さは垣間見えたように思った。

この集まりは茶番だ！

「この集まりが何なのか説明してもらいたい！」

しかしこの瞬間、俺には株主としての持ち株が過半数に足りていないのを内心で認めていたのだが、敢《あ》えて発言を求め、全員を順に見回し、最後に後藤を睨み据えた。

当日の神楽坂にある貸会議室に集まる全員が、幾らか芝居じみた形容になるが、二歳から育った北海道（芦別市）の羆《ひぐま》を彷彿させる（本人の表現）高橋の視線から逃げた、と高橋は言う。むろん、このままで事態を収束するつもりはないと付け加えるのは忘れなかった。

「高橋会長は今日付けで『解任』です。退職金はありません」

「何だ？ どういった理由だ？ きちんと説明しろ」

だが、俺の問いに後藤と弁護士からの返答はなかった。会長職解任動議も納得いかない上に、よりによって「退職金ゼロ（後日、退職金は二億円に変更になるが、２０２０年1月21日現在未払い）」とはどういった根性をしていると俺は呆れた。創業者の退職金は俺の記憶で数億円（高橋が挙げた推定額で記述）だった。竹書房の創設は野口恭一郎だが、ここまで会社を成長させてきたのは、高橋一平、との誇りが踏みつぶされた。それが腹立たしい。

「してやった」とのヤツらの表情を見据え、何も分かっていないと感じた。言いたかったのは退職金等に関する金額の多寡でなく、むろんそれもあるが、要は俺への当然の身の処し方だ。

法律に則って正式な株主が集まっての法定上の決議（虚偽等がないことが前提条件）ならば、会社法等に抵触はしない（後藤社長との取材は「三章　飛躍・零細から四千億円への階段」に記述）。

俺を斬る（辞任）なら正面から来いと覚悟したが、しかしこれ以後、後藤は「俺とサシ（一対一）で会う」のを徹底的に避けた。

解任理由の具体的な言辞を話せないのだ。売り上げが上昇していた時期に彼らも「（会社の）売り上げの需要」を享受してきたからだ。

それはそれで構わないと思ったが、社内の下り坂の経営実態の是正も、話せば妥協できるラインもあると歩み寄れると信じた。だが無駄だった。「俺という存在の排除」だけを表看板にして、所詮は法律を表看板にした茶番に付き合わされたのだ。

株主総会では弁護士が最後に発言し、俺に対して翌日に健康保険証の返還や、会社名義でのタクシーの使用禁止、会長室の私物の整理を告げたものだ。

「これは茶番だ」というこの場で発した高橋のつぶやきが、「高橋一平の首切り劇」の終幕ベルとなった。

茶番とは、底の見え透いた座興の意だが、少なくとも、このときそう感じたのは高橋だけだったのであろう。この一件での高橋自身は屈辱感か、あるいは自負心か、その後は敢えて口を噤んだように窺えた。

三章　飛躍・零細から四千億円への階段

若き日の高橋一平（左端　雀荘にて）

最高責任者追放の背景

高橋が社内事情に具体的な疑念を抱いたのは、平成二九（２０１７）春である。最高経営者として細かな内部事情まで眼を通していなければならない立場だが、すべてを管理監督するのは不可能だ。それに加え、高橋が遂行してきたある種、独裁的な企画運営の「方法論」にも限界があって、そこから生じた裸の王様状態の社内環境に原因があった。

高橋にしてみれば、自分の思考を補佐する社員の数が圧倒的に少ないとの自覚を長く抱いていたと胸の内を明かす。

出版業の現実打破の手持ち手段は数少なくなったかも知れないが、可能性のヒントはある。それを信じる限り俺はあきらめないと言い続けた。過去に何度、崖の淵へ追い込まれたことか。そのたびに崖から飛び込んでいたら命がいくつあっても足りなかった。負債（借金）の額が俺を奮い立たせた、というのは会長（社長職）の身であれば当然だが、ウチ（竹書房）の経済面でのシビアな状況と面と向かい、身を晒してきた。

平成三十一（２０１９）年一月、最新の出版業界の売り上げ（数字）は、電子出版を除く平成三十（２０１８）年の紙媒体の書籍・雑誌の推定販売額が１兆２９２１億円で前年比５・７％減（前年は１兆３７０１億円。前年比６・９％減）が明らかになったが、電子出版は２４７９億円で前年比11・９％増（前年は２２１５億円。前年比16・０％

増（いずれも出版科学研究所調べ）。電子市場の実態の主体は漫画だが、一昨年（2018年）4月に海賊版サイト「漫画村」が閉鎖されて以降、電子漫画の売り上げが伸びている。

そこで、時代の流れを掴む嗅覚を持つと自負する高橋が着目するのは、「電子出版」である。

俺は会社（竹書房）の核として、「電子出版」だと最終判断をして経営の方向性の舵を切ったところだった。それが、銀行からの借財の理由を俺の企画で生じた「予算過多」に現社長派がすり替え、責任の全部を俺に押し付けた。むろん、企画一つ一つに社内の合意は事前に得ていた。

不信感を募らせた「あること」

正直に告白すれば、平成二八年頃から社内の「空気」が気になっていた。後藤らの現場での経営に疑念を抱いたからだ。経営権を持つ会長の俺が、社長以下の幹部連中に不信感を持つのは企業として危機寸前だが、現実、当時の竹書房は沈没も免れない状況だった。

そんな時期（平成二九年春）、当社刊行の小松政夫の「のぼせもんやけん」が「NHKドラマ」になる企画が具体的になった（前述）。やったーと俺は小躍りした。NHKならば全国ネットだし、先に触れたように同年九月二日スタートで、毎週土曜日のゴールデンタイム（夜八時十五分から全八回放映）。「竹書房刊」とのテロップが出る。これ以上の宣伝媒体はないって考えるのがウチ（版元竹書房）の立ち位置だ。

当時の社内状況を竹書房の現職編集社員（匿名を条件）に取材した。

「確かにＮＨＫでドラマになるのは宣伝になるでしょう。しかし初版本が約10年前なので今さら新刊とはできないものの、現場は大幅な増刷を検討したのです。が、上（社長ら上層部）が積極的ではなく、結局、曖昧な形となってしまった経緯があります。何が原因なのか現場に具体的な説明がなかったので私たちには分かりませんでした。正直、当時の社内の動きがしっくりしなかったですね」

この証言を得て当時の社内の「再版は見送る」との結論を、高橋が知らなかったのではないかと筆者は疑った。

放映時期を計算して宣伝攻勢をかけるのは当然だ。ところが社内の動きがどうにも鈍い。我慢しきれなくて編集担当局長などをせっついたが、あれやこれやと言い訳をして俺が思うほどの宣伝体制を敷かない。どうしてだ、ぐずぐずしている暇はないと正直呆れた。

「作業（宣伝）を急げ。何をもたもたしている！」

叱咤して尻を叩いて分かったことは、俺以外の幹部連中が重い尻を上げない態勢に業を煮やし、後藤（社長）に「事の次第」を詰め寄ったが返答は曖昧で要領を得ない。チャンスを取り込め。チャンスは逃すながが俺のモットーなのでヤツらの煮え切らない対応に心底、腹を立てた。

取材した関係者の話を総合すると、社内的にこの時点で高橋の孤立が窺える。その現実を見落とす、あるいは見逃していたとも思える重大事が皮肉にも高橋の証言で明白になる。

俺が奴らに抱いていた不信感が現実味を帯びたのは、この時期だ。つまり、「のぼせもんやけん」を宣伝して売り上げが伸びるのを警戒したせいだと判断できた。俺の功績はこの際、できるだけ避けたいというのが後藤らの一致した思惑と分かったのだ。

当然だが、この時期現社長派は創業者一族の株主の取り込み工作に成功している。なので、法的な処置を用いて「高橋解任」に踏み切り、拠ってこの点に関しての高橋の言い分は公的に打ち消された。

食い違う経営戦術

俺は、「のぼせもんやけん」の宣伝については一例だが、後藤らの感覚は(出版社の)前向きな姿勢なんかじゃないと思う。少なくとも不況打開を目指す「経営者感覚」ではない。自慢じゃないが「のぼせもんやけん」は常識破りの破天荒で躍動的な小松の一代記としてハチャメチャに面白い。

出版社の商品は「出版物」がメインだ。俺はビデオや新聞などに経営の幅を広げたが、詰まるところは

「紙媒体（出版物）」なのは変わりがない。なのにだ、自社の出版物の売り出しの絶好の機会を利用しないなんて考えられない。

高橋が深読みする根拠とは、「のぼせもんやけん」を宣伝して売り上げを伸ばせば益々、追い出す算段のターゲットである高橋の権能が増加するとの「恐れ」が働き、それを感じとった現社長派らによる創業以来、初の株主総会の開催へ事を運んだとの経緯が明白になったからだ。

無念なのは、そうした「社内事情」を一切、俺の耳に届かないようにしていた社内の風土だ。後藤らの裏工作の動きは俺の追放のみだった。

だがそれは迂闊だったなんてことではない。高橋は裸の王様状態だ。出版界の風雲児を異名にする高橋の、「失態」だったと筆者は追い込みつつ、信頼する側近はいなかったのかを質した。

そこまで言うか。社員は全員、俺のスタッフだぞ。狭い社内での肝っ玉のちいさい行為が後藤らの企みと知ったときは呆気にとられた。小規模スタートの竹書房の飛躍のために俺は全身全霊で踏ん張った。口幅ったいが、竹書房は良くも悪くも「俺が仕切った」という経験則での四五年の歴史がある。これまでの「俺の業務」に誰にもクレームを言わせないと思うのは、数字（売り上げ）が証明する。

高橋の本音は、「業務」ではなく、「業績」と表現したかったのではと筆者の皮肉な感想で誘うと、高橋は一瞬、微妙な笑みを口角に浮かべた。しかしそれも経営方針の転換を目指す現社長派は、高橋時代の「過去の遺産」と判断したのだ。

竹書房創成期「高橋伝説」の真相

高橋が竹書房に入社して最初にぶつかった壁は販売網の脆弱さだ。創立間近な新興出版社に、世間は甘い顔を見せなかった。高橋は書店攻略をあれこれ熟考した。考え付いたのが「書店廻り」だが、常識的な営業活動では追いつかないと判断し、思いついた攻略法が、こちらサイドからお願いして、何部かを店頭に置いてもらえるかを（期限付き）頼み込む方法という先行出版社にはない常識破りで意表を衝く営業法である。

昭和四八（1973）年のこと。その前年の世相は第11回冬季オリンピックが札幌での開催に湧き、翌年のこの年は競馬のハイセイコーがNHK杯一着で十連勝との話題を集めるなど、庶民は娯楽を求めた。

出版物の最大の売り場は書店。俺は当然に「書店攻略」を考えた。弱小の出版社とっては自社の雑誌（「近代麻雀」「4コマ・マンガ」等）を店頭に置いてもらえるかが最初の関門だった。

ウチの雑誌を置いてもらえるように何十店と交渉をしたが相手にされなくて、幾度も無駄足だった。夏も冬も店主に嫌な顔をされても毎日何十店と顔を出した。数か月経ち、俺は思いついた。単純に「置いてください」だけでは聞き入れてもらえないと。それで、「ある方式」を提示した。それが日数を区切る方法論の「**指定配本方式**」だ。

出版業界の書店が取り扱う書籍・雑誌は、卸業者である取次会社が独自に判断する。例えば、書店の店舗規模や過去の売り上げ実績に応じて一律に配本をする特殊な形態を持つ業界であることだ。もっとも、専門書を扱う専門取次も存在するが部数には圧倒的な差がある。

俺は腹を括って出版業独自の取次《とりつぎ》の二大大手（トーハン・日本出版販売《ニッパン》）**を抜きにして、直接に書店へ持ち込む営業形態**（直取引）**に打ってでた。現実としては大博打だったな。イレギュラーな販売方法だが、実績のない当時の竹書房では選択の仕様がなかった。**

出版事業に於ける「取次」は重要である。慣例的に売り上げの配分は、出版社65～70％（著者の印税等を含む）、書店20～23％、取次7～15％だったが、最大手の日本出版販売（ニッパン）は出版社に最大4ポイントの増加を要求し、トーハンとともに配送コストの負担を求める（雑誌についても「運賃協力金」を0・85％から1％の引き上げを打診）。こうした動きに連動して、出版物を書店に直接配送する「直取引」で諸経費を抑制する方法も増え、書店に30％を渡す動きもある。

この現況は出版流通の機能が限界に達しているのを表し、高橋が営業マンとして辣腕をふるっていた時代とは様変わりする。

業界破りの「方式」を実践

問題の「方式」とはどんな形態なのかとの問いに、高橋は明確に答えた。

実体はこうだ。最初は一店の書店に取次を通さずに自社の出版物百冊を百日間置いてもらう。それで次は五十冊を五十日、そして次は三十冊を持ち込んで百日間店頭を飾ってもらう方式(直取引)。売れても売れなくても決まった期日に搬入し、期日に売れた分だけ精算し撤退させる。俺の考えで取次には通さないでこれをまず一年間続けると書店にも常連客への配慮が生まれて、次第に「竹書房」の社名を憶えてくれ、さらに我が社の出版物への配慮もしてくれるようになった。売り上げもトータルで一万五千部から三万部、四万部と右肩上がりに伸びた。言わば「竹書房独自の指定配本」と呼んでもいいだろう。

要は他人がやらないこと、あるいは「躊躇する行為」を自己責任で覚悟して経験することだと認識した。結果、売り上げは伸びるし、クライアント(出版社の場合は書店主)とは馴染み以上に気心が知れて私的

に交流が生まれる。そうした月日が「人脈作り」の出発点になり、信頼を深めていった。逃げなくて助かったというのが本音だが、ある種、俺の信じる方法論での出版事業への第一歩とも言える。

高橋の従来の業界の手法とは異なる独自の「配本方式」は、現在の書店状況では適合しにくい。2000年21654軒を数えた書店は、2018年には12026軒に減る（アルメディア調べ）。その約半数（4821店。日本出版インフラセンター調べ）は、50坪（165平方メートル）未満の小規模書店である。

書店は俺の原点と信じている。その理由は今明かした経緯で分かるだろ。それに個人的な思いもある――。

高橋の言い淀んだ言葉が「修行場」あるいは「修羅場」とは筆者の解釈だが、それを前提に、「書店は現代に生きる人の知的な好奇心を満たし、新たな世界観を示唆する空気が感じられる場所」と思えば、高橋の言い淀んだ裏側が透けて見える気がする。理想論と言われようが、書店通いは、社会の扉を開く一歩と筆者は経験則で認識する。

理屈でなく、書店（あるいは図書館）は「書籍」との出会いの場であり、同時に「言葉」とのめぐり逢いの場。言葉は人と人を結ぶ。書籍は言葉の宝庫。その伝でいくと、書店（図書館）は人と人を繋ぐ出会いの場となる論理だ。

そのことに関しては同感。広く読まれるモノ（売れる出版物の意）を創造するのは俺たちの責任だが、出版人にはそうした社会への思いがやる気となり、勇気となって、結果として仕事に誇りが持てる。

殊に幼時の「本読み（読書）」は、最近、ブームを呼ぶ。モノを想像する翼を育てる人格形成に重要である。筆者は5歳ごろから、母親が、「少年少女世界文学全集」（例・「ロビンソン漂流記」（デフォー）、「クオレ」（デ・アミーチス ※アニメ「母を訪ねて三千里」の原作）等／講談社）を眼に着く場所に置いてくれたので自然に興味を抱き、ストーリーを覚えた。絵本は人の持つ素晴らしさを素直な日本語で綴り、それが子どもの感受性を育む。この経験は人生の根っ子になった。

売れれば「すべてオーケー」ではないが、売れなければ読者に知られず闇に葬られてしまう。「売る工夫」を忘れないことを出版社経営と信じ、ガムシャラに突進してきた俺の思い（戦略・筆者注）は変わらない。

高橋の論理を一概に理想論と片付けられない。出版社の本質は高橋の主義と違わない。ところが、肝心要の「書店閉店」の現実は厳しさを増す。その一つに出版取次大手トーハンが2018年3月で、「店売」を休むと各書店に告げた。「店売」とは、書店側がトーハン本社に出向いて自分の書店で販売する目的で書籍を選ぶシステム。つまり、店での販売に独自色を前面に出す戦略の基盤を成す。だが取次に配本を任せると各書店は似た品ぞろえの金太郎飴書店になる。その危機感も強いのである。

営業麻雀「高橋の極意」

当時（1970〜80年代）、俺は出版社の営業活動として、麻雀《マージャン》はよくやった。知的要素と勝負勘と、何と言っても人格が顕著に出るゲームだから「人間性を観察する」に絶好だった。その頃は麻雀が室内遊戯として絶頂期だったのも追い風になった。

もちろん、麻雀雑誌を専門にする出版社（竹書房）だもの、お得意から声がかかれば絶対に断らなかった。俺の営業の第一条は、どんなに体調が良くなくても、「誘いは断らない」に徹した。俺の営業持論は、「付き合いは絶対に断らない」、「最後まで付き合う」、「相手を気持ちよく帰らせる」の三点だ。

当時の高橋の営業対応は時代に即している。しかし、昨今の麻雀の衰退は明らかだ。現在の麻雀人口は約500万人で市場規模は490億円（日本生産性本部・レジャー白書）だが、愛好者は5年前の、市場規模も10年前より約半減する。風営法の営業許可を受けている店は9176店（2016年）で、その4年前（11450店）から2274軒減少する。但し、近年は「賭けない」「禁煙」「時間厳守」の三原則での高齢者の麻雀が流行している情報がある。

ウチ（竹書房）の月刊誌「近代麻雀」の開催する大会には100万人を超えるネット視聴者がカウントされる。ルールをもっと簡略化して工夫すれば、若者がゲーム感覚で参加するだろうという期待がある。麻雀は年寄りだけの室内遊戯じゃないのさ。

東京・千代田区神田神保町にある出版社（集英社）に勤務した時期、筆者は約四年間（昭和五三〜五七年）、ホテルグランドパレス近くの九段界隈に住んだが、その当時仲間と竹書房本社（東京・千代田区飯田橋）付近の雀荘で、偶然「高橋一平」の噂を耳にした。

筆者が竹書房の社長時代の高橋と出会う十三年前のこと。雀荘の老亭主は当時七十歳を超えたが、知る人ぞ知る「雀鬼」である。あるとき予定したメンバーが遅れるとの連絡で、寡黙な老亭主が半荘（一勝負）だけ付き合ってくれた。ところが、その勝負で筆者は細身で顎髭の老亭主に、「九蓮宝燈《きゅうれんぽうとう》」を振り込んでしまう経験があったので、その夜の老亭主の言葉を忘れなかった。

「九蓮宝燈」は滅多に上がれない大役満の手だが、それを振り込んだのは打ち手が下手な証拠でもあるぞ。あっはっはっはっは。

筆者は高橋の遠慮のない哄笑に苦笑するしかなかったが、老亭主は決してイカサマをやるような人柄ではないと分かっていた。この「役満」は上がり役でも最高とされ、冗談で、「九蓮宝燈を上がった者は事故に気を付けろ」などと、負け犬の遠吠えに聴こえる「譬え」があるほどの役満だ。

その老亭主との少ない会話のなかでの噂話が筆者の耳の奥に今も残る。「毎週、ここで雀卓を囲む出版社の営業マンがいる。接待麻雀だが相手が止めるまで付き合うし、本人は(牌の)引きの強さと勝負勘があった」その当人が、竹書房の営業活動に明け暮れる「営業マン高橋一平」と筆者に分かったのは十数年後のこと。

それで、麻雀勝負に勝ってしまっては、営業三カ条の、「気持ちよく帰らせる」に違反するじゃないかとの筆者の問いに、高橋は即答した。


相手が大きな(上がりの)手牌で待っているときは上がらせる。オーラス(最終回)で、俺がプラスになっていればチャラなわけだから。これも「営業の一手」よ。

とにかく俺の麻雀は陽気だ。冗談を飛ばし、ジョークを言うから深刻にならない。相手も時間を忘れる。最初から最後まで「明るく楽しく」に徹する。いかに自分の(やり方を表立てに気づかせない)ペースに引き込むかの勝負が麻雀営業での人脈作りの極意だな。

辣腕営業マンの本領発揮

俺が竹書房へ入って7年目(昭和五八年)の時期だ。営業にとっての出版物は「商品」だとの認識に変わらなかった。過去の名作や文化的価値を評価される書物も、出版社が扱う商品は「出版物」だし、どちらも変わらないと思っている。商品は売れなくては価値がない。臨機応変は大事だ。それが俺の持論だ。

それで出版商品が少ない三歳から六歳まで向けの読者層を狙うのが一番いいと思いついた。

俺は、大手(出版社)がもっと上の年齢の購買層を狙う雑誌・書籍制作なのを見越し、編集の選抜メンバーを編成して動いた。B四版、総カラー三十二ページ、定価五百円の「ウルトラマン(アドヴンチャー・ロマン・シリーズ)」の出来上がりだ。一週間で二十万部(約一億円)捌いた。

当時、徹底的に市場と購買層を研究した結果で俺が思い当たったのが、永遠の偶像「ウルトラマン」だ。思いついたが吉日。早速動いた。

もともとじっとしていられない性分なので、前に触れたが円谷プロダクションと交渉を重ねた。最初から順調に話が進んだわけではないが、徹頭徹尾に「子どもの夢は壊さない」との肝心要《かなめ》のスタンスを説明し尽くした。

結果、「ウルトラマン　ウルトラ製品完全カタログ」を、大型版総ページカラーで売り出すことに決まった。

「アドヴンチャー・ロマン・シリーズ」と名付けて売り出し、結果的に大当たりをとった。他に、大先輩の手塚治虫氏から、「凄いのを作りましたな」とお褒めの言葉を頂戴したのを憶えている「ジャングル大帝」も許可を得て同様に発売し、最終的に概算だがトータルで七十億円の売り上げを記録。やっと俺の「世間と添い寝する思い」が、また一歩現実に追いついたと実感した。

「子どもからヤクザまで」の社是を確立

筆者が出版社の新入社員時代に社是と叩き込まれたのは、「義務教育を卒業の人が読んで理解できる文章に徹底せよ」という教示だが、高橋の戦略の内幕を紐解くと似た道筋を描く。

「ウルトラマン」はすでに広く世に知られた「国民的アイドル」だった。しかし高橋の狙いは既読の大人層にではなく、「彼らの子ども」を対象にする戦術。つまり、親世代が夢中になった「ウルトラマン」を、子ども世代に受け継がせる出版意図が発端にあった。

この企画が、非日常の異界である「ウルトラマン」が主にサラリーマン層に受けると判断し、後に買収して発刊した裏社会情報を網羅する「実話誌」と相まって、高橋の「子どもからヤクザまで」の出版コンセプトの端緒になる。こうした出版信条が高橋一平の基盤であり、「竹書房の社是」の背景と重なる。

当時の俺の考えはこうだ。親世代が夢中になったモノは自分の子どもにも見せたいと思うのが人情と思いつき、それで、親心という絶対に崩れない心理に気が付いたのだ。

「ウルトラマン」は若い親世代のアイドルであったし、とにかく内容がバラエティーに富む。そして「夢」があった。俺が大好きな言葉の「夢」に通じる内容が、「ウルトラマン・シリーズ」を何十巻も発売し続けられたイチバンの要因だ。父と息子が向かい合って「ウルトラマン」を楽しむ団欒は俺の理想の家族風景だった。

譬えは異なるが、最近のジャニーズ・コンサートの観客層に筆者は高橋の戦術を重ねる。ジャニーズアイドル（創設者のジャニー喜多川は筆者に彼らをアイドルと呼ばず、スター、あるいはエンターティナーと語る・2019年7月9日没。享年八七）のコンサートに、親子連れが増えている事実に思い当たる。

つまるところ、三十代から五十代の母親世代が、かつてジャニーズアイドルに夢中になった自らの過去の記憶に導かれ、自分の娘と連れ立って会場へ足を運ぶ現象だ。こうした社会の動きと高橋の発想は連動する気がする。

他人の思いつかない「営業活動」とは

二九歳の高橋が入社した（昭和四八年・1973）創業間近の竹書房の営業利益は、約2800万円（高橋の概算）だった。その売り上げ実績を二年も経ない期間で倍額にし、さらに五倍、十倍と売上高を竹書房は伸ばしていく。

むろん、高橋一人の活動だけではないが、その背景にはリーダーシップを揮《ふる》う高橋の業界の意表を衝く「営業活動」が貢献した。竹書房の創業時は「近代麻雀」（麻雀専門誌）と「4コマ・マンガ」が売り物だったが、創業者野口恭一郎は「出版のノウハウは持っていなかった」（高橋談）ので、高橋がそれまで勤めていた出版社（ノーベル書房）の倒産を機に、野口に声をかけられて入社した経緯は前に触れた通りだ。

主要出版物の月刊誌「近代麻雀」は、俺の入社当初は作家阿佐田哲也、板垣康弘両氏の協力で、活字媒体として約七年間売れたが、やがて「(読者に)飽きられた」。読者に飽きられたら(売上げ減)方向転換すると俺は即決した。理由は、「麻雀の活字媒体には限界がある」と気づき、次の一手を模索した結果だ。前に触れたが、麻雀の打ち手を主人公にした「連載劇画」を思いつき、社内に提案した。

麻雀遊戯には如実に「個性」が現れると知るので、主人公に強烈な「生きざま」を持たせ、勝負のクライマックスまで人間的な苦しみや悩みを読者が感情移入しやすく、わかりやすく描くことにした。それで作家と話し合い、テーマを闘う雀士の「キャラクター重視」を雑誌「近代麻雀」に載せるストーリーの中核に据え、それが大当たりした。

闘牌を絡めつつ「人格個性中心の麻雀マンガ」、すなわち「麻雀劇画(代表作「アカギ」福本伸行・「哭きの竜」能條純一など)」のシリーズ化の誕生へと結びつき、竹書房の主力商品になる。さらに高橋の戦略は進化する。「麻雀劇画」の領域から、「4コマ・マンガ」を主力商品へと傾注し、新たな「マンガ読者層」を開拓することになる。団塊世代をターゲットにした戦略の柱だ。

昭和時代に育った年齢層は「マンガ世代」と狙いを定めた。彼らが子どもの時分にマンガとともに成長した十代後半から二十代、三十代へと年齢を積み重ねたのを見逃す手はないと判断し、即決した。さらに言えば、時を待たずに、「4コマ・マンガ」に取りかかった。この戦術は麻雀誌で獲得した読者を、さらに新分野へ取り込めるとの考えに合点した結果だった。

「出版は文化事業だ、そう思っている奴らの大半が、マンガを文化と認めたくない」「(総合出版社にとって)出版を文化事業と考えたい人たちにとって、マンガの売り上げが大きいことは恥ずべきことだからだ」(「心では重すぎる」より。大沢在昌・文藝春秋)。こうした思惑は経営勘定も手伝い滅多に表面化しないが、高橋は業界の裏勘定を逆手に取って、「マンガ重視」を徹底する。人の矜持を裏返す戦略ではある。

大当たりしたのは、これまであまり目立たないマンガを描いていた植田まさしを我が社で創業以降、辛抱強く起用していたことが図に当たった。植田の人間味のあるユニークな才能を積極起用した戦術に限る。植田を抜擢し、サラリーマンを辛口のユーモアを込めて描く「フリテンくん」(植田まさし作)を世に出した。これがサラリーマン層に大受け。当たった。定価一部四百円で一千万部、四十億。俺が三四歳のときだ。

「フリテンくん」「オバタリアン」「ぼのぼの」連続大ヒット

その後、高橋の出版意欲はフル回転する。流行語になった「オバタリアン」(作・堀田かつひこ)、ユニークなキャラクターが広い世代に受け入れられた「ぼのぼの」(作・いがらしみきお)などと世間を騒がす超話題作を次々に世に送り出す。その成果は同時に、「竹書房」と「高橋一平」の名を広く世に知らしめる効果をも生み出した。

人間味と世相を主軸にした刊行マンガの売れ行きは急カーブを描いて伸び、高橋は出版業界での存在感を高め、「風雲児」とマスメディアに取り上げられたのは上昇への階段を上り始める時期と符合する。


時代が平成に変わり、多様化する漫画の読者層の興味を一歩基本に戻そうと考え、敢えて本編を踏み外さずに内容の硬軟織り交ぜての戦術は大成功し、怖い物知らずの時期を体験させてもらった。読者層の基本とは、あくまで本編を視野に入れながらキャラクターを活かすやり方に徹した。マンネリ結構という方法論に徹したのだ。それからの約十五年間、この路線で毎年約百億(円)単位の売上を計上した。

なかでも、俺が制作の陣頭指揮をした「ぼのぼの(バンブーオフィシャルガイドブック)」(定価千八百円・平成五年11月発売)には力を注いだ。「東京国際ファンタスティック映画祭」に参加作品になった同映画の全国ロードショーに合わせて発売し、「原作者いがらしみきおスペシャル・ロング・インタビュー」「メイキング・オブ・ぼのぼの」「フィルムストーリー・ダイジェスト」「ぼのぼのミニ・シアター」の四部構成で112ページの大型版だ。「ぼのぼのオリジナル商品」のプレゼントや大型ピンナップと表紙の帯に映画割引券を付けた大サービスだ(大笑い)。正直、売れに売れた。トータルで概算二十億(円)は売り上げた。

本人が制作出版の先頭に立った成功譚を明かす口調は歯切れがいい。
同時に同企画に向ける熱量が今なお燃え盛るように聴こえた。

読者は幼児とは限らない十代、二十代というのを前提にしたので、原作者のほかにアニメーションの作画監督、美術監督たちの具体的な作画の背景を「図」にした経緯を紹介し、これが大成功した。カラーページで載せたのも、色彩感覚に優れた現代っ子への視覚効果を意識することへの編集のスタンスだった。俺の意図するのは読者の出版物への欲求を満たす一点にある。そのぶん、各方面への協力依頼は人脈が役に立った。
具体的には作画やイラストはできるだけ「流用」することだった。金を掛ける場合は惜しまないが、事情によっては制作費削減も俺は視野に入れた。カネを遣うだけが俺の主義じゃない。

多額の制作費に傾くとの社内の風評を拭い、「カネを遣うだけが俺のやり方ではない」と高橋は的を射たように力説する。

この企画を映画公開に合わせる「二重効果」を意識し発売に踏み切ったのは、売り上げがそれをカバー（補填）するとの確信があったのだ。
それに加えて、「原画展＆キャラクターグッズフェア」「単行本」「カレンダー」「映画のフィルムコミック」「映画の絵コンテ集」「映画アニメ絵本」にCDのオリジナルサウンド・トラックを発売時期に集中販売を仕掛けたのは俺の考えだ。勝機は逃すな。それを胆に銘じた成功例だ。

まさに何でもやる。やると決めたら徹するのが「高橋方式」か。

何でもありだ。勝負を賭けると決めたら徹底的にやるのが俺の営業方式だが、この時期の「ぼのぼの作戦」はやり遂げた感があった。

この機を得てさらに強気に出て、「チャンスは逃がすな」と積極的なキャンペーン戦術を押し通した。俺には当然の成り行きという自信があった。

一息入れる暇などなく、読者の求めるものは現実を超越した悪漢物語（ピカレスクロマン）に行き着き、破天荒な生き方をTV化した「アカギ」はその最たる成果だ。緻密さも大事だが、時には「イケイケどんどん」の姿勢が大事と経験している（大笑い）。

高橋の笑い声は既述したようにけたたましいと周囲の者は先刻承知する。筆者の取材中も十分間に一度は洗礼を浴びたが、不愉快さはなかった。高橋の笑い声が腹の底から自然に湧き出たと思える反応であったからだろう。笑う声音は人間性の表出であると思うのだ。

4コマ・マンガから次の成功へ踏み出す

「年齢は四十歳前後。仕事が成功したのだから人生が面白くてしかたなかったのでは」

筆者は敢えて高橋の本音を引き出そうと、聴きようによっては皮肉に聞こえる変化球を塗《まぶ》して突っ込んだ。

冗談じゃない。竹書房は販売網を広く確保する大手（出版社）の業界的な根幹が比べものにならないほど弱い。日々、闘いのリングで読者という「厳しい敵」と向き合っていなければならない立場なので、いろいろと探った。そんなときだ、自分にとっての身近な題材に気がついた。

映画だ、それも洋画。これをなんとか「出版化」しようと試行錯誤を始めた。昭和後期の市場に「洋画文庫」が少なかったのに目を付けた。

キッカケ？　それも後になって、そうだったよな、と思えることだが、洋画ブームを作ったスティーヴン・スピルバーグが監督し、日本でも大ヒットした「インディ・ジョーンズ」の日本語版で、シナリオ付の写真集を発売した。結構、丹念に編集制作したよ。失敗したら、ハイ、それまでよってわけにはいかない覚悟の上だ。

その甲斐あって出来栄えが良かった。ハリウッドへ送ったら、スピルバーグが凄く気に入ってくれて、英語版をアメリカ本土で発売する話に発展した。やったッ、と内心で手を叩いた。ビッグビジネスになったからだ。神様はしっかり見ていてくれていると思った。機を逃さず、次はスピルバーグの盟友で監督のジョージ・ルーカスも参加した「スター・ウォーズ」。これも売れに売れた（売り上げ約十億円）。

高橋は「新しい鉱脈」を見つけるコツを、面白い対象物に触れたいとの「モノ好き（好奇心）」に尽きると洩らす。それが「好奇心の本体」と打ち明ける。筆者は、出版社勤務で編集者の極意を、「創意・工夫・協調（集英社社是）」と教えられたが、好奇心に導かれて立ち向かうと、その地で初対面の相手と出会う。それが縁となり、交友を築くことで対象分野の裾野が広がるという。単純な思い付きだけではない高橋の行動は、相手の懐《ふところ》に気後れしないで飛び込む結果として人脈となる構図が思い浮かぶ。

当時の高橋は「映画文庫」と銘打つジャンルを確立し、他の洋画作品も同様の手法で制作し、販売はトータルで百万部を記録する。

ハリウッドに人脈を持つとさまざまな情報が入るようになった。彼らと交流がなければ「ハリウッド情報」の入手は難しい。それをいち早く耳に入れれば次の一手が打てると考えた。

案の定、「アルマゲドン」とか「シックス・センス」などの話題作も作れた。一度、手にしたノウハウは俺にとって素材収集の貴重な武器（方法）になった。

素材の収集とノウハウを展開する編集的手立てが、「大当たり」の秘策と高橋の進軍ラッパは一層高らかだ。

人脈と編集企画のノウハウを使いこなす仕事は楽しかった。正直、男冥利に尽きると思った。俺はハリウッドだけでなく、アメリカ、ロシア、ドイツ、東欧、アフリカ他と取材旅行をしたが、世界中がビジネスの宝庫と正直感じた。

口幅ったいが、日本の若者はてめえの狭い世界でグダグダしている時間があるなら「世界へ飛び出せ」と背中を押したい。編集者に限らないが人間は一生で一度は勝負しても罰は当たらない。ぜったいなにかを得られる。知らない世界を知るっていうのは人間に感動を与えると分かる。

知らない世界を知るというのは、自分以外の人の生きかたを知るという経験が身に染みて理解もでき、それが「知識」になるという具合だ。

俺が手がけた「のぼせもんやけん」(小松政夫著)もそうだ、小松の履歴の破天荒さに俺が同調したので発刊を決めた。小松のまっすぐな生き方が読者に伝わると、彼の生きざまに感動した結果だ。

ちなみに、「のぼせもん」とは博多弁で「調子に乗っている」、「夢中になる」といった意味がある。

常日頃、「調子に乗っていたら痛い目に遭う」と高橋は心中、感じていたというから、戒《いさ》めもあっての「題名(タイトル)」だったかの本音は、敢えて訊かなかった。

後継者育成の苦渋

だが高橋の悔恨の弁は「いまさらに俺の痛恨の極み（最大の失敗）は、後継（社長）を誤ったとの一事に尽きる」と明かす。しかしながら、社長人事の前に人事の育成を怠ったせいと考えるのが自然だ。その責任者はだれあろう「高橋一平」ではなかったか。

彼ら（現在の社長）の時代になって竹書房からベストセラーが出なくなった。活字が避けられる時代になり、出版物が売れなくなったと言い訳をした。確かに紙媒体は冬の時代、否、厳冬の時代を迎えている。だからと言って、このまま手を拱いていていいのか。「紙媒体の氷河期」なんて誰かの負け惜しみと思わないで出版の仕事に携わっていられない。俺たちは出版物を創意工夫して飯を食わせてもらう立場だ。

俺は幹部を叱咤した。「他社からはベストセラーも出ている現実を見ろ」と。それから学べることは貪欲な編集者根性に裏打ちされる「自己高揚」しかない。自分は何のために出版社に座を持つのかは、現実がその仕事の存在価値を充たす拠り所と再確認する「場」だからだと繰り返した。

これらの言質は、高橋自身にも向けられている、と筆者に聞こえた。「現実」という字句に圧倒され、創作意欲が殺がれる事態を何度も迎え、危機を乗り越えて来た高橋だからこその本音の吐露であり、当時の一挙一動が動画のように映る。多くの出版社内部（特に編集）は「表現の匙加減次第」といった作業が生命線を握る職種だけに、個人間の理性と感情に格差が生じ、表面化しがちだ。

出版社にはそれぞれ得意分野がある。かつてはそうした手堅い出版物を市場へ発表すれば大手出版社ならずとも利益を確保できた。ウチ（竹書房）にも四コマ・マンガなど「売り物」を所有していて、問題は「その先」と見据えた。

殊の外、出版の現状を打破する工作としては、端的に次の二つの経営上の主戦が出版事業と考える。即ち、最高幹部が即断即決で「GOサイン」を発して動くのか、あるいは、現場の編集部員の才覚に由って生まれる出来高に期待するのかのどちらかだ。この両者に摩擦が生じれば出版社の生命線は軟《やわ》な方向性に陥る。

だからこそ、編集者の自由性と経営者の方針との狭間を調整する度合いは限りなく重要となる。「高橋一平商店」と呼ばれた竹書房は、「編集者と経営者」の双方を背負う高橋の感性に負うところから、長期抜け出さなかったのが現実だ。

それは一面だけを外聞した者の見方だし、外部から会社（竹書房）を観察した者の意見だ。当事者にとっての現実は身に迫る危機と面と立ち向かう立場かの違い。（筆者に）出版社勤務の経験があれば分かるはずだ。

だがそうした社の体質が、(竹書房の)長所であり短所と筆者は検分する。同時に、高橋の世の動きを追う「観察眼」を凌ぐ社員の発想は現実的に少なかったとも考察する。社員からの検分と発想が高橋にまで届かなかったのか。「社長が長く在職する企業は経営判断の経験値が社長に集中し、『経験格差』が生じて社長継承後に衰退傾向を招く。カリスマ社長ほどこうした傾向は強い」(「経営継承の鎖」松田真一・日本経済新聞出版社)。しかし竹書房の現実は、TV化された「コミック」の発刊まで待つしかなく、瑕瑾《かきん》はあったもののカリスマ高橋が率先した「ヘアヌード写真集」等の企画行動を凌《しの》ぐ出版物は生まれなかった。

俺はヘアヌード写真の発売で摘発され、留置場に二十一日間止め置かれた。だけど、俗に言う「臭い飯」を腹に詰め込みながら「人脈」を持った。人脈という表現が相応しくないなら、「知り合い」になった。拘束期間中、人間には仲間が大切と学んだ。俺が世の中で大切に思う生き方は、「人を知るには勇気」と留置場で学んだ。留置場生活の二十一日間は俺の修行場だった(暫時沈黙)。

高橋の口調が微妙に変わる雰囲気になり、筆者は無言で先を促す。高橋が話題を転換するとき沈黙する性向を感じていたからだ。

それに引き換え、後藤らの「株主総会」でのやり口は阿漕《あこぎ》(欲張りで自分勝手な意味)**だし、第一、礼儀も**

なにもない。俺を人身御供《ひとみごくう》にして何が面白い。俺の解任が竹書房のためという具体的な説明もなく、「結果ありき」で俺の追及から逃げたいという作為しか感じない。

俺は承服するまで追及する。その最大の理由は俺個人への処遇の不承知だけでなく、竹書房の行く末に関しても。俺は出版事業が好きで、会社(竹書房)が好きだ。七転八倒しても逃げなかったのは、個人の面子より会社が好きだったのだ。それを証明する習慣は、時間があれば職場を巡り歩くことが楽しみな日課だったことだな。

「高橋ビンタ(平手打ち)」の噂

関連して話柄《わへい》を代える。六、七年前、「竹書房の高橋会長が社員を平手打ちして回っている」との情報がネット上を駆け巡り、ネットユーザーの話題を集めた。果たして、「竹書房は暴力会社?」とジョークを込めて変化球の質問を放った。

実体を知らないでいい加減なことを言うなよ。強面ばかりが会社のトップでは味気ないぞ。俺は仕事が中途半端な社員には厳しいが、励ましたい社員には確かに社内(特に編集部)をビンタして回ったのは間違いない。だが、「事実」はこうだ。

高橋はおもむろに口火を切った。意外にも口元に笑みが浮かぶ。この表情の変化は「話題の隠し玉」を吐露するときだった。案の定。

俺は時間を見つけて各編集部を歩いて回るのが好きで、編集者があれこれ奮闘している姿を自分の眼で見るのを楽しみにしていた。

ああ、こいつら頑張っていると実感したかった。竹書房の内情を知らない人間には滑稽に映るかもしれないが、俺は共同作業をしている実感を共有したかった。

俺は上から目線は嫌いなので冗談っぽく社員に接した。そうすると、「お前、がんばっているな」と。手加減するとうまく当たらない。だからやるときは思い切り打つが、相手の体調は考慮する、顔色を見れば一目で分かる。

「(高橋)会長は結構、私たち社員の行動を観察していました」、「激励のつもりでビンタをしたんだと思いましたね」(現竹書房社員)。

むろん、「なにをするんですか」と横を向く社員もいた。各人自由だから何でも俺に付きあう必要はないと思っていた。各人勝手でいい。

たまに、打ち合わせ中の漫画家に(ビンタを)やったことがある。すると、「これがネットで評判の『会長ビンタ』ですか」って面白がられる。「今からやるぞ」とは言わない。だがやられる社員は感じていて、笑いをかみ殺して待っている。「泣きっ面を見せるな」とジョークを飛ばすと、言い返す社員もいて、ビンタの洗礼を浴びたいと言い返す社員の心意気が嬉しかった。

批判は甘んじて受ける。他社はどうか知らないが、これが俺流のやり方だったたし、渋面の上司との交流では窮屈でならない。こういう距離感での社員との時間が「竹書房の空気感」と信じた。

筆者は出版社勤務当時、漫画担当を半年間経験した。漫画担当の編集者は漫画家とサイド・バイ・サイド（伴走者）の距離感を保つ。原案を編集者がリードすることもある。対して、原稿の事後に介入するケースが多い小説担当編集者とは多少事情が異なる。

俺のビンタは例のアントニオ猪木の「愛情ビンタ」と同じ。洒落っ気のある社員はまぜっかえす。ユーモアの分かる社員はビンタを受けて、嬉しがる。社員との交流はなにも夏の海外旅行や冬の忘年会だけではない。ビンタは俺の気持ちが手のひらから伝わればいいと思った。だけど女子社員にはやらないよ、俺はフェミニストだもの（大笑い）。

「竹書房のシャチョー、タカハシ現ル」との台詞で、竹書房の連載漫画で何度もイジラレル。それも高橋一平の茶目っ気に溢れるキャラクターのせいと本人も納得する。

イジラレようが、笑われようがナンボの世界と割り切るのが俺の人生観だ。若い時分の新宿（後述）で、俺は笑いを運ぶピエロに徹した。ジョークを飛ばし、踊って、笑い合って緊張を緩くするにはユーモアが有効だ。俺自身はユーモアをイチバンにする。人を楽しませたいという性格から人を笑わせると、ハッピーな気分になれた。ピエロになって恥ずかしいなんて小指の先も思わなかった。ジョークもダジャレもユーモアと解す俺は人が笑う顔が好きなのだ。

「みんな笑ってくれて、ありがとう！」だ。ユーモアのないヤツは編集者に向いていない。極論じゃないぞ。元気のない社員の背を押すのは俺なりのユーモア精神からだ。人間には笑いが必要だ。苦しいときこそ笑えって。笑いは幸せな気分になる。笑いの神様、ありがとうだ。

4コマ・マンガの起承転結は「笑い」がオチだろう。人間の感情は、楽しさを求める。だから4コマ・マンガは長く愛されている。笑う門に福が来るって言う。ユーモアは緊張を緩めるし、笑いに災いなしだ。社の最高幹部が社員の頬を叩いて励ますのを「非常識」と非難する部外者がいるのを知るが次元が違う。そのときの俺には憎しみも怒りもない。手前勝手と言われようが俺の愛情表現で、社員も理解した。

「会長職解任」の真実

そうした社員や漫画家からの「愛されキャラ」の高橋を、現社長派グループは強権的と疎《うと》んじ始めた。

当然、企画性、金銭面の相互対立もあると思うが、彼らが「社内最大の権力者」、すなわち高橋一平の「追放」を画策した具体的なお家事情とは何だったのか。企画の方向性の違いに由ると観測したので、訊いた。

「企画単価に掛ける『予算の抑制』だったのでは」。

その現実の内輪は予算が過剰かどうかは重要だが、市場が受け入れると信じた企画はやってみなければ分からないというのは俺の経験上の知恵だ。結果ばかりを恐れていては何も始まらない。まずやってみる。むろん、俺だって売り上げの見通しを立ててのことだが。

しかし、現実はどうだ。ウチ（竹書房）**にその精神を受け継ぐ人材が少ない**（高橋の本音は、いない、の意）。

高橋は二八歳で竹書房に入社し、三七歳で専務、四二歳（一九八六年六月）で社長になる。その後に二代目会長となり、二代（三代目牧村康正と四代目後藤明信）の社長を推挙するが、「失敗だった」と臍《ほぞ》を噛む。対話不足だったのか、人選なのか、後継者育成不足を訊くと、やや重い沈黙が間を領した。まさに、信頼し、互いを理解する武器が「言葉だ」。「言葉は神の遣い」が観念的だが筆者にはある。止め置きたいことは、「言葉特有の目的は、聴く人に信頼の念を起こさせることにある」（プルタコス）という真理でもあろう。

人材不足に関して明かせば単純なこと。売れ行きが芳しくない事態に対応できない社内責任者にある。

だから「社長としての責任を覚悟しろ」と後藤に訴えた。応急手当ではなく根本対策はどうしたいのかと。発破をかけたのは財政的な危機感が目前にあったのだ。

さらに問題は、総務・経理全般の統括管理に関わる社の金銭的な問題について俺が迫った事実もある。一例で竹書房傍系会社（バンブー商事・アカデミー音楽出版に過去十年間の支払い・アドジャパン・竹書房管理ビル・竹書房所有のマンションと別荘2棟のログハウス等への月の支払）への追及が、「俺の追放」に発展したと判断している。

ここまで内情を明かし高橋は口を噤んだ。

コーヒーをゆっくり飲み、そして語り始める。

「木曜会」と呼んでいた竹書房の最高幹部会議がある。会長の俺は顔を出さない。出れば俺の独壇場になってしまうからだが、俺を唸らす企画は滅多に出ないので時間の無駄と判断した。社内の会合は、出席者の義務感を充たす自己満足になってはダメだ。時間の浪費だ。そんな時間に身を費やすなら、外に出て「人脈作り」と「ネタ探し」をしたほうが会社にとっては有益だ。俺はそう思ったから出席の義務感が優先する会議には否定的だった。

現竹書房社長の本音

平成十三（２００１）年一月当時、劇画原作を生業《なりわい》の一つにしていた筆者は、竹書房・牧村元社長（最初は編集担当常務時代）と複数回会った。印象に残るのは新企画よりも財務処理に追われる言動が目立った。

次いで平成二六（２０１４）年八月に後藤明信現社長を紹介された。出版に関しての用向きで面談し、「株式会社竹書房代表取締役社長」の名刺を貰った。

約束の日は猛烈な風雨が吹きすさぶ午後であった。四階でエレベーターを降りるとすぐ右側が社長室（会長室の約半分の広さ）。一時間半ほど担当編集者を交えて話をした。

「ウチとしても、市場の動きを見極めて、制作費が嵩《かさ》む派手な企画優先に走りがちなのを是正したいとも思っています」

面談の後半に耳にした発言には、高橋（当時会長）発想の人脈と企画力を前面に打ち出す「戦略」に関して、高橋戦術が抱える製作費過多に消極的なニュアンスを微妙に感じた。要するに、「経費節減」の費用対効果を暗に示唆したと受け取った。筆者は当社長の経営論理の真意を確かめたい衝動に駆られ、敢えて聞き役に回った。

「最近、売れる書籍の方向性が以前とは違い、多様化するものの曖昧になり捉《つか》まえにくくなりました。なので、思い付きで発売すればいいといった一か八かの判断ではなく、我が社の売れ筋のコミックにしても新戦略が必要になると考えます」

現社長の発言内容は後半に入ると社交辞令の範囲を逸脱して、「竹書房の現況」とも感じたが、筆者は質問を控え、同社の高橋以外の最高幹部の主張を聴いて、終了時間になった。

現社長が最後を締めくくるように、「私は現状を打開したとき、社の方針転換の時期が来るように思います」との打ち明けを印象深く記憶する。

現社長との戦略の食い違い

この時期、後藤社長は「高橋戦略」に疑念を抱いていたのではないかと推測するが、その時点で今後、竹書房として「どの分野」を重点的に目指すのかは明確に語らなかった。

その後の同社は筆者の調査に基づけば、世の流れに沿い、「自社コミックの電子書籍」に力点を入れる。現況、竹書房の出版事業は高橋時代から変化が見られるのは事実だが、時代に即した費用対効果が実を結んでいるのかの要点で現経営者の力量が問われているのも事実だ。

筆者は、各界の人脈を駆使して動き、「出版時期」を早急に捉える企画優先の高橋手法とは明らかに異なり、明確な業績上昇をカウントする売上高との均衡を重視する現社長との齟齬《そご》(食い違い)を垣間見た。

果たして、この対面から三年後、竹書房は「高橋会長追放」に至るのだが、筆者には後藤社長と対面した当時から高橋と現社長派は、異なる戦略(思考)と戦術(手段)の取捨選択で社内の権力闘争を始めていたと判断する。この時期以降、現社長派による創業者一派を陣営に巻き込む「高橋追放」は、社内に地割れを起こす予兆を孕んで進行していたことも分かる。

当時の俺の関心は当然だが社内のゴタゴタよりも、如何にして「自社の出版物」を世に多く送り出すかだ。その戦術は「宣伝効果」を有効化する手段に集中するのがベストと信じた。結論ありきではなく、経験の結果に拠ってだ。

こうした行動を高橋本人が現実的に認識したのは、本著で明らかにしたように、２０１７年春の小松政夫原作（竹書房刊）のＴＶドラマ化宣伝の社内対立の表面化へ繋がり、権力抗争が一気に激化する工程を踏んだとの見方が有力である。しかし高橋と現社長派との「経営的な溝」はすでにその数年前から生じていたと考える。

現社長は中肉でやや長身、穏やかな口調を最後まで崩さず、外面的なインパクトは牧村元社長と同様に、なるほど、日焼けして男臭い印象を放つ高橋とは真逆に映った。

現社長の別れ際の言葉は、ドライバースイングをまじえながら、「今度、ゴルフをしませんか」だったのを記憶する。

「タカハシ式企画発見法」

俺が常に言い続けたことは、「自分が知りたいこと、面白いと思った企画を遠慮なく出せ」だが、幹部の発想は停滞した。社内の狭い世界でごちゃごちゃ話していても埒が明かない。

「俺はいつも世の中の動きを見ている。関心がどこを向いているのかを探った。だから誰より早く企画を思いつく」と社内に発破を掛け続けた。マンションの耐震不安(構造計算書や竣工図の不備)が世間的に大問題になったとき(2005年秋~冬)、俺は建物専門家や一級建築士に取材して監修してもらい、どこよりも早く筆者《あなた》の著作の「マンション耐震不安解消ガイド」を緊急出版した(定価933円・2006年2月発売)。むろん出版物は売れるに越したことはないが、住民の不安解消に役立ってくれればと、ウチとしては専門外の分野だが決断した結果、望外の成果を得た。

高橋はそれまでの表情を消し、煙草を一服吹かした。ハイライト・メビウスのロングサイズを二四年間愛用の黒檀のパイプでのスタイルである。

「マンション耐震不安解消ガイド」の中身は徹底して住人の経験した「具体的な事項」(例えば、軽度の地震が起きたときの揺れの頻度・壁の割れ目具合や天井からの騒音などへの対処法)を挙げて、日常的な問題点について専門家の意見を一つ一つ解説し、建築基準法改正前(1981年以前)の該当物件の対処や、『罹災証明』、『住宅性能表示制度』の中身を簡便に記した。

もっとも重視した項目は耐震改修費用の条件など経費負担の項目で具体的な数字を羅列した。「ガイドブック」の巻末に経験者に聞く「自己診断チェックリスト」で読者が検証できる項目を俺の意見で設けた。経験者の「声」がイチバン読者の気持ちに響くと判断した。

要は読者がイチバン知りたくて、イチバン知らない「項目」のなかで、日常の生活レベルでの「不安感」を指摘し、対応する法的費用を選ぶ、を編集のツボにした。

高橋が明かした企画発見の内幕は、誰でも気がつきそうで見過ごす日常での現代日本人の落とし穴だろう。高橋はその典型例を語り始めた。

最近人気を取り戻した「大相撲」に関する新書サイズの「七勝七敗の力士が勝ち越す理由《わけ》・決定版！大相撲、裏のウラ」(定価千円)をウチから出したのは平成五年(1993・10月)。時代は貴乃花全盛以前で国技と言われる大相撲人気は行き詰まっていた。だからこそ、あまり表に出ない角界の裏側(大相撲界の知られざる仕来たり・事件・事故・度肝を抜く出来事・現役力士の女性遍歴等)を複数の元力士の「現場証言」で五十項目に纏めた。要は、誰もがオカシイと思っても口にできない「角界の噂の真相」というこの新書のキャッチコピーが出版趣旨だ。

例えば、「八百長相撲の見分け方は熱戦に見える一番こそ怪しい」「八百長相撲を調整する某力士」「七勝七敗の力士が勝ち越すのは注射相撲が原因」「ごっつぁん体質を支えるタニマチとの関係」「部屋一門の拭えない慣習」や、「大食漢伝説と大酒飲み列伝」「伝説の巨マラ力士」「親方の奥さんと所属力士の関係」など当時としてはかなり扱いにくい内幕をドキュメントに構成し、特定の大相撲ファンの読者のみは敢えて狙わない内容にした。売り上げが限定されると直感したからだ。広い読者を狙うには「隠された業界の内情」に好奇心を抱く読者(特に男性)の性分を知るので、内容のポイントは内幕描写に徹底した。

専門誌のほかに他社が手を出しにくい「現場証言」だったからこそ決断した「高橋方式」というわけだ。売り上げは札幌から評判になり、全国で約二万三千部(二千三百万円)売ったと明かし、相撲協会からのクレームはなかった、という。

実はウチの同書を根幹に加筆した別の単行本(スコラマガジン)が出版(平成二三年五月)されたし、TV放映がある台湾で好評だとも聞いた。これはすべて業界の共栄共存だ(大笑い)。

CD等は札幌から売り上げが評判になると「ヒットする」といったジンクスがレコード会社業界にあるとかつて耳にしたが、同書(竹書房版)の影響でとは断定しないが、大相撲に関してその頃より土俵内外の黒い霧が薄れ、大いに是正されて好事家が戻り、近年、特に若い女性層が押しかけるようになったのは結構なことだ。

最も忘れられない「出版物」の即決

ところで。平成二三(2011)年三月十一日は、俺たち日本人に辛く苦しい「東日本大震災」が襲った日だが、俺はその翌日、宮城県の仙台で発行される「河北新報」(新聞)の大地震情報を伝える「記事」に眼を奪われた。

この震災記事を一か月間分複写し、ムック(書籍スタイルのブック)に纏めて発行すると即決した。ならば、現地でも信頼の高い『河北新報』の記事なら確かな情報提供に役立つと思いつき、即座に動いた。ニュースのネタは「早い判断」が生命線だ。即決即断が俺の流儀だからな。

企画の概要を当該新聞社に説明し、幸いにも了解を得るのに成功した。災害のビデオも制作して翌月には書店などに配布し、五億円の売り上げがあった。災害を儲けに利用しているとの批判は甘んじて受けたい。しかし、言い訳めくが、災害の実体を「より正確に伝える」という俺の思いは躊躇する社員に発破をかける気持ちが強かったせいでもあった。日本人としての哀しみと出版人としての発想が、言い訳ではなく俺の胸に押し寄せた結果で、俺なりの使命感と言って憚《はばか》らない。

その際、高橋は地元紙に嗅覚を働かせた。地元での詳報はまさしく「地元紙(河北新報)の存在理由」であると知るからにちがいない。

高橋は沈鬱な表情を日焼けした頰に滲ませ、言葉を継いだ。

「おこがましい言い方になるが、誰もが知っている事実を「創意・工夫する」のは俺たちに課せられる仕事だとの認識を持ち続けて、それをどう編集して現実と向き合うかだ。問題は「編集者の感性」に尽きる。誰でも知っている事実を出版物で実用化する。それが出版人としての俺の現実だからだ。

「大震災を商品にするのですか？」

「世情から如何なものかと勘繰られます」

社内でも当初は反対意見が大勢を占めたが俺は屈しなかった。だからやらないだろうという企画をやるのが俺の流儀と説得した
別に震災を囃し立てたりするわけではなく、「事実を事実としてありのまま伝える。それだけだ」と俺は引かなかった。ウチ(竹書房)だから実行できると言い通した。担当の編集者には「日本人の誰もが知っている」から手を付けると押し通し、だからやる価値があると説いた。

「日本人の誰もが知っている」とは、われわれが共有する「復活への祈り」を指していると感じなければ、高橋の当企画への是非は問えない気がする。

結局、全責任を俺が持つとの「社内統一」で制作作業に取りかかり、翌月に街へ出した。多くの人が記事を複写した「竹書房版報告書」を買ってくれた。その光景を目の当たりにして胸が詰まった。発想力と行動力をなにより大事に思う俺の出版人としての誇りが、少なからず充たされたと実感できた。納得したとは言えないが俺たちがやれることはやったと。

言い淀んだ高橋と受け止める筆者のあいだに、東北大震災への思いが流れたとき、「追悼ながら」と言うように高橋は付け加えた。

後日、世話になった「河北新報」を通して、被害者の方たちにせめてもの気持ちから利益金の一部を寄付させてもらった。近年の台風被害への対応など、今後も日本人として、出版人として俺たちにできることはいくらでもある。

四章　闘魂・出版人タカハシの反撃

世界のどこへでも足を運ぶ（東欧にて）

電車通勤で「世の中」を観察する

高橋一平は社長・会長になっても（それ以前からも）、自宅のある東京・三鷹から竹書房の本社ビルが建つ飯田橋までＪＲ通勤を続けた。むろん、会社の専用車は用意されていたが、突発的な用向きがないかぎりは通勤電車に乗った。

その理由を打ち明けようか。

世間を肉眼で確かめるための「観察」と思って実行した。机上の企画は焦点が曖昧になる。世の中の空気を確かめられるのは「通勤電車」だし、企画に応用したいと考えた。デスクにふんぞり返っているだけでは格好の企画にぶつからない。情報は「街で拾え」の基本で、それをどのように「有効（出版）化」するかだ。一つのテーマでも他社の扱いを知るのは車内吊りが参考になるし、レイアウトや色使いで「特集」の中身が理解できる。

例えば、他社が手を付けていない「切り口」を大胆に且つ、迅速に出版化するといった戦略は電車内の空気に紛れて思いついたモノが多々ある。

あるとき若い女性客が微笑しながらスマホの画面から二十分近くも眼を放さない。気になってちょっと画面を覗くと「ネコの動画」を飽きずに見ていた。それがヒントになって俺は「動物図鑑（後述）」のシリーズを思い立った。

筆者は、「出版物は世間の案内板になり、見聞を広めるために存在価値がある」と、敢えて念を押すように直球の質問を投げた。というのも、江戸時代に知識人が利用したのは「読本《よみほん》」ではなく、赤本・黒本・青本・黄表紙・合本と発展した「絵草紙」の通俗性に日本人の性向を連想したからである。

若い世代の会話とファッションを観察し、それだけではなく車内吊りを読んだのは、年代別の乗客がどんな企画に興味を持ち、どんな切り口を好むかを確認し知るためだ。

これだけで「今の世の中」が表面的だがある程度分かる。世相を知るのは努力しなきゃ得られないから電車通勤は欠かせなかった。可愛くてきれいな女性にも視線は飛んだが、社用車に乗っているだけでは「世の動き」は掴めない、と俺は納得して電車通勤をつづけた。

ところが最近、具体的な世情(トレンド)を掴みにくくなった。以前ほど世の中が見えない。否、見えにくくなった。原因は皮肉にもスマホ(スマートフォン)だ。

スマホの普及は急激に社会を変えた。従って世相の流れをある面で画一化しつつ、「より個人的」になった。要するに、スマホの記憶機能に蓄積される「情報量」が、若い世代に仲間内から一目置かれる存在になるといった意識変化だ。拠って、高橋が意図した「世相観察」の様態が変わり、現代日本の考察を一目で把握しにくくなった面が増え、時代背景が変貌した世情に高橋は危惧感を抱いた。

俺の個人的な感想だが、仮に一車両に百人が乗車しているとする。新聞を読む客が十五人、仮眠や窓外に視線を送る客二十人、残りはほとんどスマホをいじっている。メールやゲームなどさまざまだろうが、そうした客の具体的な実体とまでは言わなくても、彼らの人としての「姿」というか「素顔」が見えない。

俺には彼らがまるで「透明人間」なんだ。もっと言えば、AIの多様な実用化もあり、最近の日本人（外国人もいるにはいるが）は「ロボット化」しているのが世の中を観察しての実感だ。

スマホが日本社会を変えた真相

紛れもなくこの風景が現代日本の現実だろう。そしてその実体は、ウェブメディアなのである。サイトでのページビューが出版社の近未来の命運を握っているかもしれないこの事実を把握しておかないと時代に取り残される。それを認識しての高橋の本音かと注視した。

俺流に言えば、車内の情景は、「画一的情報を共有する時代」を象徴していると断じたい。一面で、単一の情報・知識の氾濫での「白痴化ニッポン」と呼べる。時代の流れとは言え、こうした無法図な社会形態でいいのかって思うから、敢えて言うがある程度の規制も必要じゃないか。

レコード（CD）が売れなくなったのも、雑誌やマンガの売れ行きの不調も、書籍のベストセラーが苦戦するのもスマホの現代人への浸食が原因の一つじゃないかって思う。

反面、自己呈示《ていじ》のように時代の推移と諦めずに、活字の利点を突き詰めるべきだと思う。活字の絶対的な影響力こそ俺たちの唯一最大の武器と再確認すべきと。

それも一因だが、一種、高橋の負け惜しみにも感じる。それだけの認識では足りない。物語性に速度感を若い世代は欲求し、個人的な私有にしか広く興味は持たない傾向が現代人に強いのも意識しなければいけない。

高橋の眼に映る「世の中の流れ」は、本人が思っている以上の速さで進化する。逐一、世の変化に応じる必要はないが、機敏な対応は急務である。応急対策に遅れれば取り残されると言うのが筆者の考えだ。

俺は今の日本の現象から逃げないと決めている。スマホの勢いをこっちが利用しようと決めたからだ。俺にこの時代に即したアイデアが浮かぶのは、世の動きを意識して監視する視点を持つので解る。対応するには「スピード（の感性）」が肝心と疑わないが、失敗もあるのは仕方ない。しかし、やってみなければ結果は出ない。これまで、発想を生かすのは人脈と編集作業の速度だと思い、実践してきた。

転んでもタダでは起きない「商法のコツ」

高橋が「ノーベル書房」に勤めていた若い時代（二五〜二六歳）の話だ。

同社は「滅びゆく蒸気機関車」「修身」「竹久夢二」などの出版物を世に送り出す中堅規模の出版社。編集・営業など約五十名の社員が在籍していたが、高橋は三年で「課長になった」と語るその契機は、「男女の体位」が主題の写真集の販売だ。バレエダンサーをモデルに「男女の体位」を想像させる内容で、タイトルは「愛と夢」。定価一万五千円。この販売を高橋は任された。昭和四五（1970）年頃のことだ。

俺は考えた。どうやったら「当時としては隠微な内容」の写真集が売れるか。現実的に売れる感触は少なかったが任された以上、何か方法はないかと思いをめぐらせた。ただ絶対に諦めないとは誓った。第一に体裁の立派な写真集のタイトル「愛と夢」が俺なりに気に入っていた。

だってそうだろう。「愛」は女性を想う意味、「夢」は俺が一番好きな言葉だが、そこで閃いたのが、ノーベル書房に入るまでにやっていたアルバイトだ。簡単に話せば、伯父（母親の兄）が商《あきな》っていたアイスクリームを小売店へ卸す仕事を手伝っていた経験がある。そのあと、大手デパートに品物の卸しで関係するようになり、「出入り業者」として顔つなぎができた。

出版社に勤めてそれで思いついたのが「愛と夢」をデパートに置いてもらう算段（戦術）だ。一流デパートは外見に拘るのを知っていたので、逆に一見して重厚な写真集は案外に承諾を得るとの思惑が働いた。

「これは間違いなく芸術です。鑑賞して損はないです」と本心に塗《まぶ》して喋った。なにしろ若いから怖いものなしの心境だ。当然、俺のセールストークにも拍車がかかった。このときから、「編集者は【自分の言葉】を持つべき」が信条になった。

言葉は、「生きるための指針」とは人の心得だが、綺麗ごとではなく、言葉遣いに人間の生き方が浮かび上がる対面を筆者は幾度も経験した。それで、言語を商品に商う編集者には【自分の生き方を表徴する言葉】が重要にと思い浮かべ、一つの解答が高橋の営業姿勢を見ると分かる気がした。

実は俺の狙いはデパートの客ばかりでなく、デパートへの出入り業者をターゲットにすると思いついたことだ。売り文句は「都内の一流デパートに置かれる写真集」。これが俺の狙いだった。当時は現在よりもずっと「一流デパート」のステイタスが高いのを見越しての無茶ぶりだが、俺なりの勝負勘を働かせての一計だった。

件《くだん》の写真集は誰でも知る一流デパートの売り場に置かれるようになる。高橋は次々に有名デパートの名を挙げたが、ここでは触れないでおく。高橋は一気に語った後、人懐こい笑みを浮べて筆者を見た。その視線のなかに「秘策」を秘めていた高橋が言葉を継ぐ。

売れ行きを観察して膝を打った。会社（ノーベル書房の山本社長）に破天荒な条件を飲ませる確信を得たからだ。

その条件とは、当該写真集を一部売るごとに、会社から「千円」の割増金を得る約束である。会社側は当初より売り上げが期待にそぐわない状況を見越して、血気盛んな高橋の条件を承諾する。常識的には考えられない約束事だが高橋は成し遂げる。

正直に明かせば出版物をセールスする「快感」を味わう経験は、あのときが初めてだ。あれが、俺の「営業の原点」になったと言える。結果、写真集の発売数は「二万部」に達した。当然に俺への「一部千円」の割増金を計算した。正直、身体が震えた。

自分への投資に徹した「二十歳代」

ざっと二千万円。若くして不相応じゃなかったか。

筆者の皮肉な問いかけに高橋は「事の真相」を明かす。

あっはっはっはっは。きれいさっぱり遣い潰《つぶ》した。最初から全額遣い切ろうと決めていたからで二年かかった。遣っても遣いきれないと思ったが、案外と人間は金を遣えると思ったな。このときの「消費」が俺という人間を目覚めさせたと考えて有り難たかった。散財は自分への投資が目的だったから。俺はもっと広く世間を見たかった。それまでは到底、行けそうもない呑む場所、手が届かなかったファッション、高嶺の花と思っていた女性たちと触れ合い、全額キレイに遣いきった。

気障に言えば「男を磨いてくれた」(実感だろう・筆者)。

この経験を活かさなくては「男」じゃないと感じた。出版って業種は発想一つで面白く変化して、利益が戻って来るという実体験をした。俺はそのときの「実感」を終生、忘れまいと心根に刻み込んだ。「実感」と言うより「快感だった」と正直に言ったほうが実情に近い。

俺の出版人生はこのときの絶頂感が始発駅と信じ、竹書房を終着駅と決め、身を埋める覚悟が本音だった。

高橋の告白の進路は率直に過去の体験へと突っ走る。生真面目に明かす人生の起承転結は予想外の展開を辿《たど》るのだ。

「写真集・愛と夢」以後、ノーベル書房から竹書房へ職場が変わった。俺は運命とか天命とか信じないほうだが、人生の転機になったのは事実だ。振り返ると、人間っていうのは最初から何かに決められている気がするな。

独断的と言われるのを承知で記す。道元禅師が説く、「起《き》は必ず時節到来也《じせつとうらいなり》」。筆者は曹洞宗ではないが座右の銘にする箴言である。人間が人生で出会う人間や出来事は出会うべくして出会い、起こるべくして起こることなので避けられない。高橋と筆者の出会いもおそらくそうなのだ。

一日二五時間欲しかった「三十歳代」

竹書房に入ってからの三十代は企画を考えたり、時間を縫って取材先と交渉したり、書店廻りをした。だが不思議に苦じゃなかった。もっと時間が欲しいとさえ思った。睡眠をするのも惜しかったな、あの当時は。

伊藤信(元大日本印刷営業部長)の証言

当時から高橋が仕事上でもっとも信頼をおく人がいる。昭和四七(1972)年から高橋と付き合いがある伊藤信《まこと》(七十一)だ。伊藤が大日本印刷に勤務当時、ほとんど毎日のように高橋の仕事に関わった。それは同時に竹書房が右肩上がりに収益を増す時期に重なる。

「彼（高橋）は私が知る限りでは群を抜くアイデアマンだ。ヘアヌード全盛時に竹書房本社ビルが、『ヘア・ビル』とか、『乳《チチ》ビル』と呼ばれても平然としていた。性格は男らしく、信頼できた。責任は自分が持つと常に言って。あの潔さが私たち仕事仲間の信用を勝ち得たと思っている」

「乳《チチ》ビル」と呼ばれても恥ずかしくはなかった。誰でもできることではないと自分を勇気づけた。むしろ、俺のやり方が世間に受け入れられた証拠と意に介しなかった。とにかく、当時からまっしぐらに突っ走った。俺の「身を削って得たやり方」だったから今も変わらずそうだ。

仕事仲間の信用を第一に考える高橋は、変わらず世相を観察しつづけていると語り、腹案の一部を開陳した。「電子マンガ」との活用作業だ。

概算だが、五十万から百万のアクセスを得られれば活字の三十万部に匹敵する。他にも考えている企画はある。対象は日本だけじゃない、世界だな。アイデアは世の中の動きを注意深く観察していると、いろいろなヒントが転がっている。

だから世相を観るスタンスが欠かせないのだ。いろいろな人と会い、話を聞き、世間を観察して引き出す。それがイチバンだと信じるし、これしかないとも思う。

俺は自分の仕事のやり方を社員に強制したことはない。編集者は「自分が面白がる立ち位置（視点）」が重要だと思う。自分が面白くないことで他人が面白がるわけがない。それが俺の変わらない信条だから さ。「誰もが読みたがっている企画を、同業他社がやらないことをやる」っていうのが持論で三十代から 自分に言い聞かせて来た。

四十代、五十代をむかえて、自分に「テーマ」を与え続けたのは、怠惰になるのが嫌だったのだ。成功体験を積むとその方法論に頼り切る傾向があるのを避けたかったからだ。

それで、自分にテーマを与え続けようと決めた。要点は、「まだ誰もやったことのないこと」と、「気が付いていないこと」の二点だ。

意表を衝く企画を連発「四十歳代から五十歳代」

「誰もやらないことをやる」って具体的になんだったのか。

大言壮語に響く高橋の告白の真偽を見極めるため、耳を傾けた。

例えば、1988年直後に「地球絶滅シリーズ」と題するカラー読本を手がけた。

昭和五十年代から平成に入る直前に恐竜の骨格が報道され話題を集めた時期だ。俺を含めて日本人は恐竜が大好き。恐竜ブームが来ると直感した。タイトルは「地球絶滅記」と銘打ち、恐竜ばかりでなく、昆虫とか人類とか合わせて「四部作」を作り、一部定価八千八百円で一万五千部(約一億四千万円)を売った。

恐竜本はイラストが重要だが現実味《リアリティ》は大事にした。

俺がこの企画を言い出したとき、「今更、恐竜ですか?」と社内で反論もあったが押し通した。何が恐竜企画のポイントになるかを俺は考え、あるヒントを得たからさ。

それを明かすと、もともと恐竜の姿は想像上の絵柄だ。自由に想像を巡らせれば自分の世界が広がる。その各人各様のイメージを刺激すれば無限に膨らむと実態を読んだ。さらには、ウチ独自の新鮮さをアピールする意図で「タイトル」に拘《こだわ》った理由が分かるか?

タイトルに付けた「絶滅」だ。人は消えたもの、見えないものに妄想を働かせ、郷愁を帯びる。第一にインパクトがある。「絶滅」は圧倒的にロマンを感じさせる。その意味での「ワード(字句)」と気づいた。

その通り。出版物は発表時期を逃さなければ、「テーマ(主題)」と、「タイトル(題名)」で決まる。

「秘境」とか「深海」とか島国に育つわれわれは、「眼に見えない不可思議な存在」に興味を抱くのが国民性で、「恐竜」はその最たるものと理解した。優秀なタイトルほど読者の感性を刺激するが、衝撃性に勝るものはない。

「地球絶滅記」のネーミングは刺激的で気に入った。ロマンを感じるから。書籍のキーポイントは

「時期を得たテーマ」と、「イメージしやすいタイトル」。これが二大要素だし、この思考は後年(平成十三・2001年)、思わぬ効果を俺に伝授した。海外へ眼を向けて、(前述した)「動物図鑑」を絵本スタイルで発売したときの戦術に有効に働いた。翻訳本が受ける感触を得ていたからだ。

なかでもヒットしたのは、表紙をオランウータンにした「THE BLUE DAY BOOK」(ブラッドリー・トレバー・グリーヴ/石田亨訳)。

内容は動物の柔和な写真にやさしい文章を載せただけなのに、定価千円の絵本シリーズで七十万部(約七億円)を捌いた。表紙は当初(原本)、「蛙」だったのを、愛嬌のあるオランウータンに差し替えて成功した。

「蛙」から「オランウータン」へ変更する編集的感性と営業判断とがポイントになった。日本人が愛着を持つのは「蛙」より「オランウータン」と俺の経験で判断した。日本人の国民的な好みを考慮するのは、「編集の腕」。ユーモアの感性がこんなとき役に立つ(笑い)。これには裏話があって、版権は五千ドル(当時のレートで約百万円)だった。

高橋はこの絵本(「THE BLUE DAY BOOK」)を皮切りに、海外のエージェントと積極的にコネクションを持つ。竹書房としての新たな人脈の構築で、後に七冊の版権を得て出版する。

例えばこうだ。エージェントから取り寄せたパンフレットから二十〜三十点のオファー(提案)を出す。

実はこれがこちらの作戦でもある。先方はいっぺんに二、三十も注文が届けば信用をする。それで日本市場で有望そうなテーマを選択できるシステムを作った。こういう出版交渉事は当時、ウチが先駆者的だったと思う。

高橋が触れた「THE BLUE DAY BOOK」は平成十三（2001）年三月の「週間ベストセラー」（トーハン調べ）で、十三位にランクインされ、具体的な成果を挙げる。ちなみにこのときの第一位は「チーズはどこへ消えた？」（S・ジョンソン／門田美鈴訳・扶桑社）。第三位「金持ち父さん貧乏父さん」（R・キヨサキ、S・レクター／白根美保子訳・筑摩書房）。第九位「イヌが教えるお金持ちになるための知恵」（ボード・シェーファー／瀬野文教訳・草思社）。第十二位「話を聞かない男、地図が読めない女」（アラン・ピーズ／バーバラ・ピーズ／藤井留美訳・主婦の友社）など、翻訳本が目立ったのも高橋の市場を見る観察眼が役立った。

流儀の本質

高橋は世の流動を的確に観る日頃の習性をこの時期、売り上げの面で発揮したことになる。高橋の読者の方向性を観る性向は、ジャンルを厭わない特質が生み出すと。多種のこうした翻訳物が受け入れられるとの職業観は、過去の体験（高橋の現役営業マン時代）に拠るが、高橋の流儀では「一発屋の賭け」の要素は否定できない。

成否が混濁するのは高橋の「一発屋的感性」とも無縁でない気がするのはそのせいだが、一度決めたら目的へ突っ走る行動力が人後に落ちない点も無視できないのだ。

俺が比較的早い時期（昭和六十年代）からヨーロッパへ毎年出かけた先は、ドイツ・フランクフルトでの「ブックフェア」。目ぼしいと思える書籍を、ジャンルを問わず契約した。売れるかどうかは分からなかったが。先行投資の思惑があったかと聞かれれば、その通りと答える。

高橋が当時の現場で働く姿を記憶する関係者の多くは現役を退くが、高橋の仕事ぶりを評価する。この人も高橋と多くの仕事を熟《こな》した一人だ。

大湊満（元凸版印刷専務・現相談役）の証言

「私が仕事上で彼（高橋）と仕事の関わりを持ったのは平成八（1996）年が頂点だった。仕事はなにしろ一本気。強面だったし、これはと決めたことにはまっしぐら。ああいう個性のある人物は珍しかった。それでいまでも印象が強いのかもしれない」

現場主義の功罪を自覚の「六十歳代」

どの職種も変わらないと思うが、出版事業は「数字（売り上げ）」が表面に露骨にでる業種だ。殊に「結果」は隠せない、という現実と常に向き合わねばと認識するのを「遣り甲斐がある」と思わなければ、出版の仕事はなにをやっても成り立たない。第一にそれでは仕事が愉しくない。

「数字の結果」とはどんな職業でも変わらないと思うが、出版物の好悪は世相の嗜好を捕まえられたかの「特性」を出版社へ露骨に見せつける。大方の出版物は「人の欲求」によって振り分けられるだけに、企画内容の分別とタイミングが決定的に左右する。つまりは、「ＧＯサイン」を出すのは出版社であっても、成果は「限定的な世間」次第である点だ。

俺は十年ほど前から、できるだけワンマンにならないように心掛けた。だが、業績は横ばいから下降線をたどり始めた。「三年後に花を咲かせる」の格言が出版界にある。主に「優秀な編集者を育てる」といった意味に使うが、思うように花が咲かないときの口惜しさはどうしようもない。

それでも（竹書房の）社員で三、四人の将来を嘱望したい編集者が現れ、彼らの行く末を楽しみにしていた。出版社には三年後の企画力、交渉力、人脈を育てよとの格言があるから、（退社に由る）彼らとの別れは寂しかった。

彼らに言いたいのは「結果」を残してもらいたい。本音を言えば、竹書房にそれほど多くの「時間」は残っていないと観る。あくまで俺の予測だが。

企業の幹部には指針と人望が必要。組織の幹部には求心力が必要。編集の最高幹部には企画力が必要。そして現場の編集者には、過去を辿り、集約して現代と繋がる感性と営業意識、そして多くの人脈が必要と。

格好をつけるつもりはないが、どんな業種でも「やる気」がすべての基本だろう。人のやる気が個人的な脳内を刺激し、独自の発想を導き出す。これらの「職業観」が今の出版界に求められていると断言したい。

日本雑誌協会（東京は・千代田区）は2019年、11年ぶりに店頭での雑誌販売用の冊子「これで雑誌が売れる!!」を全国の書店へ送付し、大いなる活用を促した。「雑誌は多く仕入れ、店頭で山を高く摘む」「『残り少ない』などのPOP（ポップ）で呼び込む」など販売促進を紹介。得意客の美容院との関係強化やSNSの活用法等の成功例を列挙する。

「今とは時代が違う」なんて非難するのは弱虫（筆者は、敗者と解した）の戯言《ざれごと》だ。俺たちは「時代」で生きているし、人は生きる「場（立ち位置）」から逃げられない。だからこそ自分を鼓舞できる。編集の最高幹部が他人を批判する前に自分には何ができるかを問うことだよ。

敢えて「編集の最高幹部」と断る言辞に、高橋の胸の内を垣間見る気がするが、人望と求心力と企画力をブラッシュアップする要点が、「人脈の活用」と繰り返す高橋の口調は徹底する。人間ひとりの限界を誰より経験してきた「過去の体験」が高橋の特異な人生訓を指し示すようだ。とはいうものの、高橋の人物像が、「歴史は時折、われわれ普通の人間の生の感覚や思考を撹拌するために、異常な人物を送ってくることがある」(前出「信長」)というような特異な人物であるとまで指摘しないが。

竹書房と四五年「七十歳代」

竹書房の役員になって以来、俺の日課は海外出張などない限りは朝七時に起床し、八時に自宅(三鷹市)を出る。小一時間で飯田橋の竹書房ビルに着く繰り返しだった。

このときの一時間にあれこれ「企画」を考える。思いついた企画の結実は「三年後」と思いつつ、短兵急に成果を求めてしまうのは、俺の長所であって短所かもしれないとの自戒はあるつもりだ。

思えばさまざまなことが身に降りかかった。企画の発想は思わぬときに降りてくると錯覚しがちだが、実際は常に自分の脳内を巡らせて探し続けていなくては浮かばない。それを俺は愛する竹書房で実践してきた。正直、失敗は数多く経験したが諦めもしなかった。俺は諦めがよくない性質なのだ(笑い)。

それでも、思い続けることで企画が具体化し、幾つかは現実となった。先に挙げた「ウルトラマン・シ

リーズ」は採算を超えて伸び、後年の「動物図鑑（THE BLUE DAY BOOK）」の七十万部のベストセラーへとつながった。

高橋の発言には「数字の強調」が特出する。その背景とするのが、本人が口にする「売り上げ実数」である。高橋はこれまでの自社の出版物の売り上げ数を躊躇なく口にする。数字の多少は不確かな概数の数字で自らの実績を保証するように、あるいは実績の重みを被せて鼓舞するようにである。

確かに数字が概数であっても、告白の現実化した側面（実績）は保持されている。

統計・数字を展開する証言を「データ・ジャーナリスト手法」と呼ぶ。しかし、数字を駆使する話法には「曖昧さ」と「危うさ」も同時に付きまとう。高橋は「数字」を身分保障のように口にする。多少はアバウト（概数）になるのも構わず、絶対的に過去の経験に自信を持っての数々の発言は、数字を後ろ盾にしている。

俺の持論は「数字は実績」。
そのために何を考え、何を現実化（出版化）するかだ。

とは言え、「数字を語る」、あるいは「数字に頼る言葉」の「不確かな軽み」は否定できない。筆者は出版社勤務時代に「数字の重み」を経験する。かつて、編集担当の他に予算・財務も兼務した週刊プレイボーイと日本版

ＰＬＡＹＢＯＹの副編集長として、週刊誌・月刊誌の売り上げを好調時も経験したが下降時も味わった。そのとき、社長以下が出席する部数会議で毎月の発売部数を営業担当から厳しく問い詰められた。営業担当は厳然とした「数字」を細かに挙げて編集企画に立ち入った。

現実の数字は厳粛に受け入れなければならないが、企画の優劣まで指摘されては編集の立ち位置がないと激しく抗弁した記憶がある。

「数字」は現実だ。経営者は常にそれを問われる。事業内容と矛盾するかもしれないが逃げられない。会社で働く社員の生活を背負うからだ。

斯様に経営者の立場での「数字の軽重」は、高橋にとってみれば現実を物語る。この件に関して高橋の証言は明白だが、本人の「逃げない生き方」が「言葉」と濃密にリンクするゆえに、独りよがりの自己評価に思えないこともない。

人との繋がりは「信頼」に尽きる。信頼は「言葉」で結ばれ、繋がる。俺は相手と直接に会う行動を大事にする。だから俺から裏切ることはない、むろん、「読者が第一」の信念が出発点だ。

そうであっても言葉が便利なようでなにか不確かと筆者が感じるのは、言葉の形容があまりに概要的で違和感を拭えないのを日常的に経験するからだろう。ゆえに、「人の言葉」に一種の「違和感」が付きまとう場面に出くわすのを避けられないと思ってしまう。

高橋が外面を繕わず、多くの人間と接し、会話を交わし、人生は滑稽だとの信奉の源泉が、好悪は別にして筆者に「人たらし」と映る。「高橋の率直な人間性が人に愛される」と映るせいか。言い換えれば、生き方の意識と行動が他人に分かりやすい点であろう。分かりやすさの原点が、一人の生きざまとしての「単純明快さ」にあると判断すれば、より一層高橋の生き方が明解となるはずだ。

五章　悔恨・ヘアヌードとチャイニーズ・ドラゴン（中国巨龍）の失敗

「月刊THE TENMEI」創刊記者発表会（右・高橋）

高橋が陣頭指揮し、社会問題視された「ヘアヌード写真集」と中国経済情報新聞「チャイニーズ・ドラゴン（中国巨龍）」の今まで語られなかった真相に関して、高橋の「言い分」を検証する。

教訓その一・ヘアヌード写真集での逮捕劇

世間を騒がせた高橋のヘアヌード写真集での摘発・彼自身の拘束についての質問に移った根拠は、この問答によって高橋の出版業の「経営理念」が明確になると考えたのだ。

出版人の俺にはいろいろなことが四五年間に起きたが、メディアに派手に取り上げられた一つは「ヌード写真集事件」、もう一つは「中国経済情報紙発行問題」だ。社会的にも様々な軋轢が起きたが、どちら（ヌード写真集&中国巨龍）も俺は出版の現場から逃げなかった。負け惜しみじゃなく、そういう立場の先頭に立った起草者としては当然の立ち位置だ。

平成五（１９９３）年に起きた「竹書房版ヘアヌード騒動」は、版元の責任者として当時社長の高橋が警視庁に拘束される「一件」が発端だった。高橋は写真家・篠山紀信が女優宮沢りえを撮影したヘアヌード写真集が市場的に異様な売れ行きを記録し、世間にセンセーショナルな話題を起こす「事実」を目撃して、一歩先んじられたと明かす。

当時、高橋が女優のヘアヌード企画を第一にピックアップする方法論を先導し、時代の半歩先を見抜く才覚を発揮する時期でもあったのだ。

「あの写真（「Santa Fe」１９９１年）こそ、けがれた目はないんですよね。彼女（宮沢りえ）もクリエーティブなことやアートが好き。僕も『作品』を撮ろう、という意識があった」（篠山紀信「語る・人生の贈りもの」〔第10回〕より。朝日新聞文化・文芸欄２０１９年４月17日付）

先んじられてしまったのは悔しかった。が、逆に負けん気に火が付いた。ＦＲＩＤＡＹ（講談社）から「荻野目慶子写真集」も平成四（１９９２）年九月に発表され、概数三六万部以上の売れ行きで評判をとった。こうなったら「もうやるしかない」と俺は肚を据えた。性分で覚悟を決めたら動きは早い。竹書房は、「毎月ヘアヌード」をキャッチコピーに都内のホテルの会場を借り切って大々的に発表した（前出の扉写真）。

そのとき、「ところで」と筆者が割り込むと、「なんだ？」と高橋が表情を幾分か変えて見つめ返した。このあたりの勘はさすがに素早い。

「荻野目慶子写真集」の出版プロデューサーとしてＦＲＩＤＡＹ編集部から出版に漕ぎつけたのは、フリーランスになって三年目の「小生だ」と告げたからだった。

そうなのか。知らなかった(一瞬、沈黙)。

高橋の表情が幾分か強張った(気配がした)。同写真集には話題性・内容構成・写真の完成度・発売時期などに自信があった。筆者が講談社と出版契約を交わしたのは、平成四(1992)年五月。同写真集はタイトルを、「委ね、明け渡す(自己をすべてさらけ出す・筆者の解釈)」を意味する「SURRENDER(サレンダー)」と題して発表し、発売時期と内容の衝撃度で予想以上の反響を得た。

今更のようだが、筆者は「荻野目慶子写真集」に関して、事前に関係者などには一度も「ヘアヌード」の表現はしなかった。人体の一部分が「光景(カット)のなかに写っている」といった認識はむろん相互に伝わっていたのは事実だが、今も「ヘアヌード」の表現には疑念がある。女優の覚悟と写真家の熱意の結果であると信じるゆえだ。

機縁だな(しばらく無言)。

「機縁」とは言い得て妙だが、筆者の内幕話を聴いての高橋は返答を口ごもった。「機縁」の言葉尻に口惜しさの裏返しを感じた。饒舌から一転して端的な反応だった。自負か、あるいは嫉妬か。このときの会話に微妙な「間」が漂った記憶がある。

知らなかった（数秒沈黙）。正直、当時は悔しい気持ちだった。同系統の編集をやっていてライバルに先行されたら、肚《はら》の底から怒りが湧くのは誰でも似たり寄ったりだろう。俺は負けず嫌いだから口にはださないが、「競争相手のモノ（荻野目慶子写真集）は売れるな」と直感した。

高橋は、控えていた愛用のパイプを取り出すと一服。筆者は待った。

今言ってもナンだが、なぜ、ウチ（竹書房）に持ち込まなかった？

やはり、大手（講談社）なのか。

事実は異なる。高橋は筆者と出会った日付を誤解していた。高橋（当時は社長）との初対面は平成五（1993）年夏である。筆者が仲介者を経て、角界の裏話を複数の元力士が告白する書籍企画を持ち込んだ際に遡る。

当企画は、「七勝七敗の力士が勝ちこす理由《わけ》～決定版！ 大相撲、裏のウラ～」（既述）の題名で同年十月に竹書房から出版され、現在の相撲人気を予測した内容で好評を得た（その後、辰己出版から筆者の同続編が出版・2011年5月）。

初対面にもかかわらず、筆者の話を真正面から受け止めた高橋とは、そのとき以来の付き合いだが、このときの高橋の言葉は印象深いもので、「よし、この際、大相撲協会（現・公益財団法人日本相撲協会）に弓を引くか」で、即決だった。

「月刊THE TENMEI」創刊

俺は考えた。ヘアヌード・ブームに俺も負けていられないと絶好のタイミングを計った結果、写真家の加納典明を起用して「月刊THE TENMEI」の創刊を発表した(平成五年二月二十五日創刊)。

前年七月に、フランス現地ロケに俺も同行して女優島田陽子のヌード写真集(遠藤正撮影)を撮り終えていたが、後追いのマイナスを取り戻そうと「月刊THE TENMEI」に賭けた。二番手というのはどうしても過激にならざるを得ない。俺は加納カメラマンに、徹底して従来にない過激な写真を撮れと言った。前評判は上々だった。加納も写真家の野望をさらけだして意欲的に撮りまくったのは確かだ。

平成五(1993)年は日本社会の大いなる変遷期であった。八月に細川内閣が成立し、五五年体制が終焉。アメリカは一月にクリントンが大統領に就任していたが、同年六月九日の皇太子と雅子妃の結婚の儀をピークにTVの視聴率が激減する分岐点を迎える。

日本人の核家族化が進み、バブル景気の崩壊とともに女性が社会進出をし、娯楽が多様化して一家団欒が減り、TV番組を家族がそろって視聴しなくなった。さらにはインターネット時代(平成七年に「ウィンドウズ95」日本発売)が拡販進行した社会背景で、平成五年の総世帯の視聴率が下り坂を描くことになり、時代風俗が激しく変わる端境期だ。高橋が「月刊THE TENMEI」を打ち上げた背景とは、「ヘア解禁」に湧く当時の世相に一石を投じる絶好機と見据えた末の決断だったろう。その背景ならば解る気がする。

「スケベ心」に立ち向かう戦略

カメラマンの加納典明と

ヌード写真の判定は「読者が判断するもの」と思った。そりゃ下劣一辺倒では飽きも早い。俺が言う「ある一定のレベル」とは、第一に親しみを覚えるモデルの選択、第二にテーマのフォト基準（レベル）。この二点しかない。

要するに、興味を持ってくれる読者の「欲求」をいかに刺激するか。「スケベ心」と訳しても一向にかまわないよ。要はヌード写真に興味を持ってくれるかは面白いかどうかだけだ。それが真相（現実の意・筆者注）だ。

面白いっていう意味は、「月刊THE TENMEI」の加納のフォトにどのくらいの読者が食いつくかを得心しなければ、俺だって博打みたいな真似はしない。

ダメなら方向転換する腹積もりっていう割り切りがあったし、山

女優の島田陽子と

本リンダ、辺見マリなどの写真集での実績がなければ、ミス日本・大竹一重など次々とヘアヌード写真集に手はださなかった。ヘアヌードではないが黒木瞳、かつてのアイドル女王の鰐淵晴子写真集は読者の懐古を掻き立てると思い立ち、成功した例だ。俺はやみくもにヘアヌードに走ったのではなく、そうした前提を弁えての行動開始が本心だ。

「世界写真全集・第4巻ヌードフォトグラフィ（集英社版）」に拠ると、ヌードフォトの歴史は百年ある。1890年代のヌード写真はアート（美術）ではなく、アーティストが参考にすべき「図面」と考えられた。従って写されたモデルは、「ネイキッド（はだか）」で、「ヌード（裸像）」といった対象ではなかった。約九十年後の1950年代になってセクシャルな映像の誕生とともに、ヌードフォトは前進し、1960年代を迎えて大幅な自由性が得られ、同時に多様性を持って発展した。ヌードフォトにはそうした歴史がある。

俺の信念は写真集を出せばいいというのは愚の骨頂ということ。それぞれには「テーマ」が必要で、例えば、鰐淵晴子の写真集は読者の「郷愁（ノスタルジー）」に訴えるのが目論見で、すべて俺の発想だ。

ヌード写真の歴史は絵画や文学などに比べると浅い。だが、それだけに撮影内容の変化は以後、多様化する。写真家と画家の裸体美についての芸術的感覚は異なるかもしれないが、日本画家の重鎮・小出楢重（1887～1931）は「裸婦漫談」（1926）のなかで、「日本人の黄色に淡い緑が交つてゐるのも私は白色人のもつ単調な蠟《ろう》の様な不気味さよりも、もつと異常のあたたか味と肉臭をさへ、私は感じる事ができると思ふ（原文のまま）」と記す。

「女性のヘア（陰毛）」って、なにか？

筆者は、ヘア（陰毛）とヌードについての高橋の視点を敢《あ》えて真意を探るべく質した。

「（女性の）ヘア、ってなんです？」

一言で言えば、人間の欲望の産物だろう（苦笑）。あれも欲しい、これも見たい。見えないから見たい。その願望を満たしてやる、というのが俺の考え。それ以上でもそれ以下でもない。ヘアヌード（ブーム）は日本へ来るべくして来た。外国では当たり前のことなのに、何故、日本ではダメなのか。日本は経済力世界第三位（当時は第二位）の先進国だ。そりゃ不自然だって思ったわけさ。

経済力が上昇すれば人の欲望も募るという論理。性欲は経済に関係なく、人間の欲求の食欲に次ぐ本能だと思うので、「よいおんな見たいところがひとつあり」という江戸川柳の戯《ざ》れ句が浮かんだが、高橋には自重した。

俺は世の中の流れを直感して、ヘアヌード写真集を他社より大々的にぶち上げた。イケイケっていうような。本音を明かせば竹書房からの写真集の種類が多ければ多いほど書店に積まれて、営業感覚で市場の信用は高まると予測した。

だからある時期は無名のモデルであっても、読者(男)の欲望を惹くと判断すればGOサインを発した。男の欲望とは、モデルとの性行為を夢想できるかだろう。出版物が売れるかどうかは市場へ出す「時期」を掴めるかも大事だが、それらを含めて責任者の決断次第。思い切って出版できるかどうかの分岐点はそこにしかない。

「月刊THE TENMEI」は最終的にトータルで概略六百八十万部(約四五億円超)売った。デザインは名手の長友啓典に頼み、定価六八十円。それで「セクシーなモデル」がページを飾る。売れないわけがない。最高は月に七十万部売り上げた。こうした月間の実績を三年間つづけた。これには俺の出版哲学の三つ(の訓え)があっての実行企画だった。

出版物を売る三要素

高橋が、営業哲学と信じる「三要素」を打ち明ける背景に過去の絶対的な実績を背負うせいかと映る。

一つ、「今、知りたいテーマ（主題）」
二つ、「分かりやすく面白い（内容）」
三つ、「安い（価格）」

いずれからも怯んで逃げてはダメだ。そりゃ失敗もあるよ。格好よく言えば失敗も糧にするっていう俺の信条は同時に竹書房の経営方針だ。

そしてユーモア精神が欠けては読者に愛される出版物は生まれないというのも信条だ。「月刊THE TENMEI」は徹底してその三要素を入れ込んだから、結果を得た。俺の企画も実行も根底に「出版は継続」を土台に置く。三年後を見据える企画っていう立ち位置も大事。最近この考えに某大手出版社の社長から、「出張コンサルタント」になってと頼まれた。むろん断った。痛快だろう。あっはっはっはっは。

高橋に言わせれば、「月刊THE TENMEI」の成功は自分のキャリアが役に立ったとの回顧だ。すなわち、世界各国で現地モデルを実際にオーディションし、日本人の嗜好を肌で感じる体験を自分に課した市場を掴む経験と勝負勘だったと打ち明ける。

撮影同行。島田陽子と（フランス・パリ）

けれども筆者は、それほど単純な要因だけとは思わない。日本で「ヘアヌード」が禁じられ、問題化した時期が長期間に亘ったことも、読者の渇望をいやが上にも掻き立てる「追い風」になったと考える。

江戸期の春画(枕絵)などは庶民最大の楽しみの一つで、鈴木春信・喜多川歌麿・葛飾北斎・鳥居清長など当代超一流の絵師(画家)が腕を競い、江戸三大改革での禁止に遭っても地下に潜って変わらぬ人気を得た。そうした日本人気質(日本人に限らないが)を熟考したうえでの、読者(社会)心理を前提にしての高橋の「ゴーサイン」だった経緯は確認できた。

ロシア、ウクライナ、ポーランド、フランス、イギリス、アフリカなど撮影に立ち会った。肌の色、表情、髪の色、瞳の色、スタイル、笑顔、セクシーポーズ等々。海外に行くと自分が「日本人だ」とつくづく実感する。ああそうか、俺たち日本人の男はこういう女の子に惹かれるのかと実感し分かる。

モスクワでは六百人を面接して日本人好みのモデル十名を

ピックアップした。その成果がベストセラーを記録した「美少女紀行」などの写真集だった。天職だと思ったのは売り上げ報告を営業から受けたときだ。正直、嬉しかった。撮影に同行した女優の島田陽子は、気取らず気安くて気持ちが優しかった。だからどうしても売り上げを伸ばしたいと、俺はパリへ同行した。

ヌード撮影現場（ヨーロッパ・ロシア）

イケイケばかりではないという意味で、人間的ユーモアセンスとの二面性が高橋の人格に多様性を持たせる。素顔は案外に寂しがり屋と観た。淋しさを身内に抱えるので楽しくハッピーな「企画」に飢えるのだとも。まさか。それほど単純な要因ではないことは分かる。果たして。

俺は心底、仕事（出版）が楽しい。海外から日本を見ると、国内にいては「見えないもの」が不思議と見える。そうすると、そうかヌード写真集もこうした工夫すれば「もっと売れる」って思いついたわけさ。

見えないものとは、利益優先に踊ってはならないとの自戒と判断する。「失敗は男の甲斐性」とも聞くが、次の目標に向かう高橋には「新たな地平（新出版物）」しか見ていないのかと第三者に思わせるのも、「新しい企画をかんがえているときがイチバン楽しい」と言い切るからだろう。高橋を動かすエンジン（馬力）は彼の「夢の実現化」が後押しをする。結果は功罪あるにも拘わらずだが。

警察（留置場）に拘束二一日間

ヘアヌード写真集の「摘発問題」の顛末である。発表当時は大変な憶測を呼んだ。「竹書房社長、逮捕！」。センセーショナルな噂が飛び交ったが、当の本人は案外にあっさりと裏話を明かした。

ああ、あの件か。確かに加納典明（現在、自らの写真に色彩を施す画家としても活動）の写真が、「過激」になっていったのは仕方がない。俺も要求したし、やめるにやめられなかった。だけど、ギリギリのボーダーラインは保った。ただ一度でも「禁断の壁」を破れば先へと進まないと止めようがない。それが当時のせっぱ詰まる現実だった。

「禁断の壁」とは、「ヘアの解禁」を意味する。だが、基本的にこの国での「ヘアの解禁」は認められていない。その現状が厳然とあるのも事実だ。既定概念を破る快感はどの業種にも存在するが、出版物のそれは絶頂感に近い生理的な要素かも知れないと筆者は経験的に推測した。

俺に言わせれば何をいまさらって感じだが。「ヘア出し」はウチだけじゃない。俺は「読者が見たい」「読者が面白がるモノ」を提供したいと決め、実践した。基本的に、一世を風靡した「アメリカ版PLAYBOY」(誌)のヌードページと、コンセプト(方針)は変わらないと思う。

「PLAYBOY誌」の存在(コンセプト)

1950年代にヒュー・ヘフナーがアメリカ・シカゴで創設した月刊誌「PLAYBOY誌」は、「センターホールド」と呼ぶ毎号のヌードページが幅広い読者層を勝ち得て、1960年代から90年代にかけて世界の男性読者を席巻した。

高橋が指摘する「PLAYBOY誌」のヌードページに起用されるモデルは、フェイス、プロポーション、エロチックムードに、筆者は「インテリジェンス(知性)」が要求されたと理解する。創設者ヘフナーがモデルに採用した要件は、知的で親しみやすい「スマイル」と「抜群の肢体」の女性をモデルにと記す。つまり、「隣にいる、お姉ちゃん(ネクストガール)」のニュアンスである。

かつて、日本のCMで、「キレイなお姉さんは好きですか?」のフレーズが話題を呼んだ。「PLAYBOY誌」に選抜されたモデルのイメージは、まさにその条件である。隣の家に住む「頭のいいキレイなお姉さん」がにっこり笑い、こちらを見てくれて、しかもバスト、ウエスト、ヒップを披露してくれるうえに、「あるべきモノ(ヘア)」まで見せてくれる。だから、世の男の視線は釘付けになって当然だ。

筆者は出版社勤務のある時期(1982~86年)、社内異動で日本版PLAYBOY(グラビア担当副編集長)に関わった。筆者の私見は、「PLAYBOY誌」があれほど長期に全世界で支持を得た集約点は、綿密に計算された「モデルのインテリジェンスの演出」と、セレクションされた「インタビュー記事のレベルの高さ」と考える。

それで?

根拠は、ヌードの写真がアートの枠組みに組み入れられたとされるのは、アメリカ人のカメラマン、エドワード・ウェストン(1886~1958)の作品、「ヌード」(1936)と言われる。ピント・構図・照明が裸体のモデルの美しさを理想化した。ライト(光)・トーン(色調)にエロティックな形状がヌード写真の出自と伝えられる。

さて、「月刊THE TENMEI」は、この点どうだったか。

性格が良くて知的なオンナは俺も大好きだ。それについて異論はない。じゃあ聞くが、フォト(掲載写真)を観て性格がいいって誰が決めるのか? 知的なオンナって誰が決めるのかっていう問題だ。当然だが「読者」だ。俺は加納(典明)の写真が好きだし、評価もしていた。それが読者の嗜好に合うと決断し、創

刊した。案の定、「月刊THE TENMEI」は売れた。だから、(警察に)狙われた。出る杭《くい》は何とかの譬えだ。

果たしてそれだけの事由が摘発の理由だったか疑問は残る。確かに高橋の言い分に間違いはないように思えたが、筆者は別の理由に拘った。高橋は終始、明言しなかったが、掲載された写真のなかに「性器」が写っていた、あるいは「ソレを具象的に連想させた」のではないかと。

留置場で出会った詐欺師・麻薬患者・通り魔・ヤクザ

敢えて高橋が取り調べの「要点」を明確にしなかったので、踏み込んで訊いた。出る杭は打たれるとのことだが、それが「月刊THE TENMEI」だったとの根拠は?

好調な売り上げを続けた「月刊THE TENMEI」だからこそ、当局に狙い撃ちされた。だってそうだろう、世の中にはウチよりエグい「エロ、グロ」なんてもっと多く蔓延していたっていうのに。正直、なんでウチなのって言いたかった。

だが俺は考えた。過激ヌードだろうが抗議を受けても構わないと。それくらいの覚悟と度胸は持ち合わせた。限界ぎりぎりの企画の提示は身を削《けず》られるが、それ以上に(出版の)危険領域と言われる「限界(ヘアヌード）」での緊迫感が、読者に伝わればよかった。そうした熱気（売れ行き）が次の企画へのエネルギーとなり意地を湧き立たせた。気障だが、俺はそういう生き方しかできない。

確かにその通りだが、それだけではない印象が筆者には拭えない。その程度の疑義で二一日間も拘留された理由が成り立たない気がした。筆者との問答に高橋が初めて逡巡の表情をみせたのは、このときだ。

むろん、（性器の）モロだしを意識しての事前の編集作業（掲載用の写真選択）はしなかったし、なかった。偶然に載ったとは言い訳がましくなるので言わないが、警察は「その点」について執拗に尋問した。要するに、「意図的であったのか、なかったのか」。俺は「その一点」については首肯《しゅこう》（合意）しなかった。

当然に、「（編集が）意識的であるか、ないのか」が分岐点と筆者は予測していた。当局には、「意識的編集」、すなわち「故意の行為」であるとすれば刑罰の対象に該当するとの姿勢が根拠にあったはずで、その核心点を発行人の高橋に追及したのだ。もっとも、現在の日本の猥褻物陳列に関する法律の解釈が曖昧なのも、「故意かどうか」の分岐点を分かりにくくさせる測面を否定できないとは筆者の考えである。「（宮沢りえ写真集は）『ヌードはけがらわしい』っていう概念を変えたんですよ。ミロのビーナスとかロダンの彫刻を見るように」（篠山紀信・「語る・人生の贈りもの第10回」。前出の朝日新聞文化・文芸欄）。

拘留事由は他にもあった。号を追うごとに編集手法が露出的に煽ったと警視庁当局（千代田区桜田門にある全都を管轄する警察機構）から指摘され、心証を悪くしたのかもしれない。売れ行きが上がれば上がるほど、モデルの質は変え様がないから掲載カットの肉体美を露出するレイアウトに傾くというジレンマもあった。

筆者が考えるに、警察（この場合は警視庁）が主に問題提起をするのは、モデルの演出部分（看護師などの制服姿・妊産婦・女子中高生のセーラー服着用）や、強姦をイメージする構図であり、「陰毛露出」の一点にのみ集約されないという点であろうと思う。

反省する部分は心得たつもりだが、あの時期に俺らは「世間に向かい、何かをなした」という自覚は残る。それと同時に留置場での二一日間は人生を別角度から経験したものだ。

高橋は一息つくと、当時の記憶を呼び寄せるように一語一語噛みしめる生真面目な表情をして語り、事件後、今後は二度とこの件について口を開くことはないと前置きして告白を再開した。

留置場は六、七人一緒だ。出入りはあったが、何日か経って顔見知りになると、何で引っ張られたのかを打ち明け始めた。

それが予想外に俺の興味を惹いた。ストーカーから通り魔に変身した若者、中年男のヤクチュウ（麻薬中毒）、高齢のヤクザ、隙を見せない詐欺師等々。特にストーカーから通り魔に転落した若い衆に同性として憐れみを持ったのは、止むにやめられない人の業の底知れなさだ。だが俺たちは人の業を背負って、出版物を世に送る使命だ。悪党のオンパレードだったが、彼らがそこまで堕ちる理由を避けられなかったと判ったのも哀しい日々だった。

実は筆者にも似た「経験」（昭和四六年）がある。担当していた週刊誌（集英社刊）の筆者の企画で、アイドル九人（当時のジャニーズジュニア）を事務所の了解の元に三人一組で、札幌・大阪・福岡の指定の時間と場所へ派遣して、「握手会」ができるとの当時としては画期的な誌面企画で大反響を得たが、大阪（万博会場）で事故が起きた。

読者が多数詰めかけて負傷者を出し、新聞各紙に報道されたのだ。企画・実行責任者の筆者は翌日、大阪の所轄署に呼び出され、ドラマで描かれるような個室ではなく、手錠に腰縄をされた別件の容疑者らと横並びで八時間（昼食30分休憩）の事情聴取を受けた。

また、代々木公園周辺（昭和四七年）での企画取材（筆者企画のタレントのマラソン競走）で所轄署に事前報告の件で経緯を長時間に尋問された経験がある。高橋の二一日間の拘束とは比較にならないが、警察の取り調べの様態は少なからず経験した。

（写真集発売で）摘発されてよかったとは思わないが、学んだことは多かった。なかでも、俺の人生でこれまで出会わなかった「彼ら」と接触できた日数は貴重な人生体験だ。だがその直後、俺はまた、「世間を騒がす」ことになる「出版企画」を考え、公表したからだ。

その具体的な動きが中国経済情報新聞「チャイニーズ・ドラゴン（中国巨龍）」の発刊である。

教訓その二・「チャイニーズ・ドラゴン（中国巨龍）」発売の錯誤

高橋は、平成六（１９９４）年十一月八日にブランケット版カラー面八ページ、全二十ページの週刊誌スタイルでの経済情報（中国投資）をメインに構える週刊新聞形式「チャイニーズ・ドラゴン（中国巨龍）発売」を発表する。毎週火曜日発売で一部定価三百円、書店、キヨスク、コンビニ店で売るとの概要だ。編集的にも経済的にも負担が大きいと言われる「新聞事業」になぜ乗り込んだのか。創刊当時と比べて、二一世紀現在の世界事情での中国情況なら分かる気もするが、第一に、対象が巨大市場過ぎないと思わなかったのか。

「時代は中国」の早すぎた先見性

リスク（失敗の危険性）があると言われたから止めるようなら、企画者の俺は最初から「新聞スタイル」に手を出さない。俺の意図はその三年前からだ。中国は世界の最後の市場、それも巨大なスケールを持つ魅力に抗しきれないと実感していた。

実は昭和五五（1980）年に、ウチのベストセラー漫画「フリテンくん」の全巻を中国の学校へ寄贈（五万部）することになって現地へ出かけた。その際に、中国社会が飛躍的に動いているのを肌で感じ、いつか中国の専門情報紙を扱ってみたいと決めたのは、そのときだ。

俺は思いつくとじっとしていられない性分でね。発売を発表するその年（1994）の五月に（中国の）北京へ行った。両親を同行してさ。俺は北京生まれなので生家が残っているか（生まれた実家は現存していて、現在は小学校になっている）を確認する気持ちと親孝行のためだが、自分の眼で中国経済の発展を確認する意図だった。

両親を連れて北京へ、生まれた家を訪ねる

当時、上海・深圳《しんせん》の株式市場や香港、シンガポールへの日本人の投資熱が盛んになり始めていた。「中国株が面白い、夢一億円」の見出しが、「チャイニーズ・ドラゴン（中国巨龍）」のテスト版のトップを躍ったのは、そうした社会背景を意識に据えての戦略に則った「発売決定」なのは明らか。高橋の狙いは、政治・経済・観光（文化）・社会展望・風俗を区分けして構成し、多面的な情報を提供するとした意図が分かる。

中国へ進出する日本企業は八千社（当時）、現地で関与するビジネスマンは約百六十万人（当時推定）と高橋は創刊時に目論《もくろん》んだ。

その頃（1994年）の数字だが、三十一万人の在日の中国人がいたし、中国語講座（NHK）で中国語を勉強する日本人が三十万人。さらに中国に駐在する日本人のビジネスマンが三万数千人、来日が急増し始めた中国観光客は初めて百万人を超える時期。そして、日本の潜在読者はざっと千五百万人と計算した。

創刊には国内の株式の投資家を巻き込んで発売部数を三十万部に設定し、「中国の今の情報を時間の落差なしに紙面に載せる」。これが「チャイニーズ・ドラゴン（中国巨龍）」を発行する最終結論にした。

動き始める「チャイニーズ・ドラゴン（中国巨龍）」

しかし中国での情報収集には制約が少なくない。高橋が最初に動いたのは中国政府の広報機関である。同所の協力を得ると、次は北京・上海で日本語のできる現地スタッフ採用に動く（実際の雇用は十七人）。情報網として、中国画報社・中華英才社・人民日報社・上海画報社・経済日報社・新華社通信や上海TVとも提携を結ぶなど、事前の動きとしては万全を期したと語るが、現実の感触はどうだったか。

当時日本には中国の正確な情報が入ってこなかった。それが日本企業の中国進出への障害になっていたが、俺はこの現実が出版の「狙い目」と直感した。民間レベルの情報通信の先陣を切ろうと決め、現地から「日本に有益な情報」を取り入れようと考えた。

俺には一つの決め事があった。「彼ら(中国側)に協力はしてもらうが、政府広報をすべて真正直に報道する気はない」と。中国政府の手先機関になるのは避けると決めていた。

発売前年の平成五(1993)年十月に、中国政府に企画書を出したのは中国画報社駐日総代理(当時)の孔健と知り合い、彼の仲介が役に立った。彼は俺の人脈だが、その十月末に人民大会堂で全国人民代表大会の副委員長(当時)ら政府の要人や、提携する中国側の最高責任者らが出席する「創刊祝賀会」が開かれた

(感慨深げに沈黙)。

当時を振り返る高橋の表情に浮かぶ過去への感情を垣間見る気がした。成功を信じる己を思い起こし、新しい出発への興奮を呼び覚ます表情が印象に残る。

高橋の中国情報紙発行の算段は「夢の実現」だった。日本経済の将来は中国との関わり合いにあると信じていたのでなおさらだ。しかし、現実として「中国からの生情報」が足りないとかの事前での不満はなかったのか。

全くなかったとは言えないが、日本人は中国の「当時の実情」を知らなすぎる。なんとか実情を報道したいという意欲が勝った。俺ならできる。その心意気を止めようがなく身内に抱いた。

高橋は「意欲」と言い、「心意気」と語ったが、筆者は率直に当時の彼の深層心理に「驕《おご》り」を感じるのを否定しない。

心理面に新奇な対象が安易とは言わないまでも、自爆走が優先したのではと気づいたのだ。当時の中国はスケールの大きさと発展途上の領域に溢れ、日本人の野望を掻き立てた。

だが、彼の国は裏腹にしたたかな深謀遠慮を弁える国家観を持つ。その大国に立ち向かった高橋は、比喩は常識的だが、世界的大作「白鯨」の巨大な難敵に挑む船長に重なる。もっとも「チャイニーズ・ドラゴン（中国巨龍）」は現実的にそれ以上の遥かに高い壁であったはずだ。

「長年の夢」の実現に奔走

中国への進出に先鞭を付けたいというのが高橋の長年の夢であり、「野望」だったと明かす。従って、失敗は一切考えなかったと打ち明ける。生まれ故郷というノスタルジー（郷愁）ではなく、日本人として、また企業人として隣国の大国（中国）を意識していたのは事実だろう。

それはそれとしても、週刊誌スタイルの新聞「チャイニーズ・ドラゴン（中国巨龍）」には、高橋なりのと外れる。

「思い」が込められるのを取材中に強く感じたものの、むしろ、「感傷」とも映った印象は「高橋」の思惑

「チャイニーズ・ドラゴン（中国巨龍）」は、第一に読者のためと考えた。前にも言ったが、「面白いことしかやりたくない」っていう俺の信念をこの発刊に込めた。つまり、「読者には目いっぱい楽しんでもらい」。そして、「儲けてもらいたい」との俺の願望だ。

この二大要素は外せないと創刊前、スタッフとはミーティングを重ねた。今後どうなるかは現地からの情報の確かさの分量と考えたので、先に触れた中国の通信社関係のメディア、ＴＶ局、新聞社と話を付けた。後は結果待ちだった。できることはやった。むろん成功すると信じた。

前述のように小舟で大海を航海する船長の心境ではと推測もする。平成六（１９９４）年といえば六月に村山内閣が発足し、前年に五五年体制の終焉を経験した日本は、翌年一月に阪神淡路大震災、地下鉄サリン事件発生など多難を極める時期と向き合う。

人心が落ち着かないとき、人は目新しさに関心を傾けようと動くゆえ、成功願望へと流されやすい。現実からの逃避感覚に拠ってだ。己の気持ちを現実から背けることで、「一時的な安堵」を求める習性と考えれば分かりやすい。

当時の巨龍（中国）はそうした不安定心理の日本人の野望を掻き立てる、目新しい「灯台の灯り」に見え

た、とは筆者の感想だ。

その時期だからこそ勝負をしたいと決めた。「面白いことをしなくちゃ、テッペン（天辺）にはつけない」が俺のモットーだし、「イチバンになる」の信条に賭けてみたかったのも事実。アウトサイダー的な退屈な人生はイヤなので、一度動いたら止められなかった。

前述した巨龍中国に立ち向かう高橋の姿は、「白鯨」（ハーマン・メルヴィル著）のエイハブ船長が巨鯨の「モビー・ディック」に立ち向かう姿に重なると比喩的に記すのは皮肉ではない。そして、「竹書房版チャイニーズ・ドラゴン（中国巨龍）」、否、「高橋一平版チャイニーズ・ドラゴン（中国恐龍）」は発売直後に暗雲を呼ぶことになる。

「チャイニーズ・ドラゴン（中国巨龍）」の創刊当座は、三十万部を売る目算を立てた。取材に来たマスコミ各社にも俺は確かに宣言した。

次の年（平成七年・１９９５）には、中国語で翻訳した「チャイニーズ・ドラゴン（中国巨龍）」を北京と上海で発行し、二年後に日本関連での情報雑誌を発行すると決めているとも公的の場で発表した。

中国情報紙はその頃、目新しかったので日本のメディアも関心が高かった。同時期、中国の航空会社（チャイナ・エア）に常備される機内紙にも話を付けた。当時、来日する中国からの観光客は93万人が記録され、翌年は120万人に伸びると聞かされた。

俺の世の中を見通す判断が早すぎたのか分からないが、俺は「GOサイン」を発し、「チャイニーズ・ドラゴン（中国巨龍）」は始動した。

「チャイニーズ・ドラゴン（中国巨龍）」の咆哮《ほうこう》

「チャイニーズ・ドラゴン（中国巨龍）」創刊の話題に関して、辛辣な質問を投げた。「あまりに無謀な独りよがりではなかったのか？」

高橋がそのとき表情を曇らせたのを筆者は見た。ずっと「高橋一平の成功譚」を聴いていたので、失敗談を知りたくなっていた筆者が、揶揄的な質問を繰り出す本意は、本著を「ミスター・ベストセラー」と称され、「出版界の風雲児」と呼ばれた男の自慢話に偏向しない主旨に沿ってであるのは当然だった。

「チャイニーズ・ドラゴン（中国巨龍）」をわずか三号で打ち切りにした大本（敗因）は何だったのか？すでに二四年前のこと。原因は分析したはずと、公にされていない事実経緯を訊いた。真実は当事者から聴きたいと思い、これまで明らかにされなかった真相を追った。

本音を明かせば、俺は企業からの広告を見込んだ。「これからは中国を見るべきだ」、と失礼だが大手広告主に発破をかけた。まだ日本企業のイメージの認識が中国国内で不足しているので、全国版紙への広告で宣伝を兼ねてはどうかとクライアント（広告主）に話した。
中国経済情報紙という新奇な分野に日本の広告主が、興味と警戒を通わせる傾向があったのは間違いないと考えた末の提案だった。

日本人の性向というのか、周りを窺う傾向は避けられない。見る前に跳ばないのが、「ムラ（村）」の先祖を共有する日本人の伝統的国民性であるからかもしれないが、一般的に見る前に跳ばない。誰かの後で確認して跳ぶのが日本人的性向と指摘されるが、高橋は見ただけで跳んだ？

日本側のスタッフは五十人を確保した、新聞部門としてだが。しかし二号、三号と発行して、率直に言えば、俺の考えと違っていると実感した。手垢のついた感じではない「最新の中国情報」を報道したかった。もっと正直に明かせば、「手ごろで得する情報」をだ。

「チャイニーズ・ドラゴン（中国巨龍）」の断末魔

結果として成功しなかったのだから、失敗の具体的な理由があったはず。
当事者の率直な回顧談（懺悔という意味を込める）を問い質す。

まず、記事情報の内容に「即時性」が少なく、第二に表面的な記事面でリアリティー（現場報告）の「現実性」が足りなかった点だ。

ウチの新聞を楽しく読んで、楽しく儲けてくださいといった「俺の意図」が反映されない紙面に失望した。一日の株式の動きに神経質になる投資家が、即時性の薄い記事やリアリティー（現地情報）のない新聞記事を読むか？

「チャイニーズ・ドラゴン（中国巨龍）」は中国情報の本格専門紙を目指した。中国の活気とエネルギーを「ライブ感覚（ナマ）」で伝達してこその役割があると確信した。だが、現実はその側面が決定的に欠けた。

この点がイチバン大事な要点であったはずだ。「チャイニーズ・ドラゴン（中国巨龍）」の最大の売りは、政治・経済だけでなくて、観光と文化、社会風俗の「多面体報道」だったはず。反して、「タイムリー性」が欠けていては、仏像に魂を入れずとの仕上がりだったのではないか。一体、何が根本原因だった？

現地で雇ったスタッフの能力欠如の問題が大きく影響した。経験者を前提に面接採用したが、予想に反して彼らが持ち込む情報に新味がない。ネタ元がそれでは「現地情報」は弱すぎる。今だから言える真相だが。率直に明かせば、ある意味、彼らは「日本語ができる現地人」程度だったのだ。

ということは、現地の通信各社とかＴＶ局情報も制約内だったと。中国開放政策といっても、こちら

（日本サイド）が期待するほど甘くはなかったという現実を思い知らされたというのだろう。

しかし、その疑念は事前にある程度は把握していたのではないのか。同時に周辺状況に責任者として「疑念」を感じなかったのか。仮に高橋の理解力がそれ相当であれば、結果は予測できたはず。この面での責任は当然に問われるのではと訊いた。


情報不足、取材能力の欠落、中国国内の情報統制など結果として雁字搦《がんじがら》めで、事前にあれほど動き回ったのに見込み違いだった。

「新聞スタイル」に拘《こだわ》った理由

なぜそれほどに「新聞の発行」に拘ったのだろうか。

当時の我が社は年率百五十％増で、年売上高も百五十億円を得ていた。俺は企画にイケイケだが、腹の内では計算はする。「チャイニーズ・ドラゴン（中国巨龍）」の発行は、この時期を逃してはならないと思い立った。

近い国なのに日本の進出が遅れている事実に疑問を感じていた懸念が、「現地の情報不足」と判断したとき、報道手段として週刊誌スタイルの「新聞形式」の考えをドッキングさせる決断に任せた。

それが「動機」だとすれば新聞に拘った理由が薄弱だ。週刊誌の様態を基盤にするなら雑誌でもよかったのではないか。「ネタは浅く、広く拾え」が新聞制作の常識的な基本姿勢のはずなのだ。筆者は言葉を改め、訊ねた。「失敗の最大要因は何だったのか」。

ここが重要なことなので敢えて反論するが、雑誌と新聞では「情報の信頼度」が違う。俺の考えは雑誌を読む気安さで「新聞情報」を読んで欲しい、だった。広告も新聞形態のほうがクライアント向けとしては有効と考えた。元来、「迅速な現地情報」が「チャイニーズ・ドラゴン(中国巨龍)」のテーマだが、その要素が欠ければ失敗するとも予測はしていた。

ジャーナルな新聞的要素を根底にした雑誌ならと理解もできるが、同時期、すでに男性週刊誌が毎号、中国関連記事の特集で誌面を飾っている。筆者には雑誌的感覚で新聞を作るのは、ある面、本末転倒である気が拭えない。高橋の勝算はどこに置いていたのか疑問だった。

今となっては異論もいろいろあって当然だ(暫時黙考)。だが俺は、俺自身が信じた結果に従うと決めた。悔いはなかった。「結果」は具体的な行動の証《あか》しだ。それを厳粛に受け止めると覚悟した。

トップランナーの「結果」は動いた証左との印象だが、動かなければなにも「残らない」。実は、「チャイニーズ・ドラゴン（中国巨龍）」創刊前に、筆者は高橋から編集参加を要請された。郵送された企画概要を読んで手に負えないと判断し、「断り」の連絡をした経緯がある。

なぜ、あのとき協力を拒んだ？
今さらだが参考までに理由を聞いてみたい。

筆者が断った理由は、高橋のネットワークでは中国本土内での情報源が弱いと判断した。

筆者は毛沢東死去後の昭和五三（１９７８）年七月に中国の北京・西安などを取材した経験がある。夜の北京空港からのバスの車窓から見た光景は異様だった。北京市内（王府井）へ向かう途次《みちすがら》、暗い街灯の下で肩寄せ合って群れる市民が見え、通訳によると「毛沢東語録」を読んでいると聞かされた。まだ各家庭への電力不足で、街灯が夜の学びの場だと知ったときの衝撃は確かな実景として記憶に残っていた。

そのときの取材が当局の一糸乱れない先導で十日間を過ごせたのも、情報管理が完璧になされた結果と帰国後に理解した。中国取材の異様な記憶が「チャイニーズ・ドラゴン（中国巨龍）」への参加を躊躇させたのも、中国情報取材は一筋縄ではいかないとの認識が筆者に働いたのである。

それで？

当時のあなた（高橋）はひたすら前を向き（出版する方向）、中止の選択肢がないと感じた。「売れる情報」とは「読者に役立つ情報」だ。その要素がなければ「紙屑」と同じと判断されても仕方ないと筆者は考えた。当時の「中国巨龍」にはそうした「危うさ」を拭いきれなかった。

ダメと判断したのなら止める、それだけの決断はしていた。引くときに未練たらたらとしたらしっぺ返しを食らうとも。その覚悟はあった。そうした目にしたくない現実を俺は常に自分に言い聞かせた。

一瞬、瞑想するように高橋は口を閉じた。そして。

麻雀でも、この勝負に勝ち目はないと判断したら躊躇なく引く。ゴルフでも無理な位置からはピンフラッグを狙わない。我慢・忍耐は時期に応じて肝心だというのは分かっている。

危機への判断が最後に自分を助けると幾度も経験した。仕事も遊びも変わらない、俺は俺の判断を信じ、抗弁は一切しないと割り切って事に向き合ってきた。

「中国の巨龍」の撃沈で学んだ真実

「チャイニーズ・ドラゴン（中国巨龍）」の発刊は三号で撤退。鶴の一声で。決断も早いが、あきらめも早い。それが高橋流か。

諦めじゃない。「見極め」だ。経営者の責任は時期を見極めることだし、「最後の決断」ができるかどうかが経営の基本原理と思う。

モノは言いようだ。高橋の発言の中身に、「言葉は便利」と。肝心なのは見極めの意味には事柄を分析し、理解し、納得の意味が含まれる。

俺は当事者だ。なんと批判されようが自分で最終的に決めるのは経営者の権限。撤退を決めるのは経営者の責任。それが現実だと分かっての決断だった。これが経営者の基本だからだ。

そうであっても筆者には逃げ口上に聴こえた。高橋の論理は成功不成功の両刃を懐に忍ばせて「事に当たる」のが経営者で、言い訳はしないといった論調を避ける気配だったし、それだけの負荷を背負っているからこそ常に「責任」の処し方を考えると主張したはず。

高橋もそのスタンスは変えなかったと明かす。弁解ではなく本音と断ってだが、ならば「新聞」ではなく、企画段階から「新聞紙」になってはいなかったか。

そうとは思わない。繰り返しになるが肝心なのは読者が「面白いかどうか」。その前提がなくてはやる意味がないというのが俺の考え方だ。基本になるのは俺が目指し経験した「売れる要素」の活用にある。市場(読者)の好奇心を獲得せよとの一手だ。

その点で重視するターゲットは読者年齢層だ。「クラス・マガジン(読者年代別出版物)」を持つウチの多様性が可能にしたと思うから竹書房の企業イメージは、「子どもからヤクザまで」となる。刃の剣を懐になんて格好つけるわけじゃないが、ある程度の見込みを含んでの新販売のスタート時は常に絶対に売れると覚悟を決めた末だ。

やたらと強気一辺倒と言えるが、端的には、高橋一平商店の「暖簾」の内実が筆者には透けて見え、その点に関して訊ねた。

「高橋一平商店」なんて批判するのは責任のない部外者だけ。俺は何でも前を向く。成功も失敗もトータルに背負って動く性格なので、「高橋商店」の名称は皮肉ではないと聞くが、頑張る社員は今も在籍する。だが(竹書房が)今のままでどう推移するかは保証できない。竹書房は零細ではないが大手ではないからだ。

これまで業界の大手にどう立ち向かってきたのか。

高橋流経営論の本質とは何なのかを問い質した。

俺は大手（出版社）の圧倒的な物量に真正面から挑むなどの無謀は考えなかった。だが、怯んだり卑屈になったりはしなかった。事実、業界大手の社長や大手印刷会社の会長などとは気心が通っている。だからと言って、ウチにはウチの立ち位置がある。一度、市場に発表したら我が社ができる最大限の「売り方」を模索し、実践する。

それが唯一大事だし、それに徹するしかやり方はない。

ここで忘れてならないのは、「数の組織力」ではない。「過去の実績」でもなく大事な要点は、「現在何をするのか、何ができるのか」の決断の時期だ。それを社内的にリードするのが経営者の仕事。一つのことに集中して力を傾ければ予想を超えるパワーを生み出す。それッ、やれ、っていう具合に。

「責任は全部、俺が持つ」と社員に発破をかけるのは忘れないが、リーダーとしての俺のポリシー（姿勢）が竹書房の業績の現実（在り様）になると覚悟もしていた。

高卒の出版社社長

その経営方針（理念）を背景に、一八歳で入社し、その後、紆余曲折を経て四二歳で社長に昇進した。そして四十余年後、業界が「風雲児」と呼ぶカリスマが社を離れる。否、追い出される。この過程に高橋は断固納得しない。

口調がまたも険しくなりかけたとき思わぬことで話柄を代えた。

これでも一度は早稲田大学(第一文学部)**に入学した。一年で退学したのはもっと早く社会で働きたいと思う気持ちが強かったからだ。それから半世紀を超えた。日本の出版社で「高卒の出版社社長」は少ないぞ**(大笑いで締めくくる)。

どこまでも己を信じ、突っ走ってきた人生。それを肯定するのは誰でもない自分自身と明かし、幾多の苦難を笑いで煙に巻く。これだけ自身を総括的に口外できる高橋は、他人に見せない自負(逃げなかったという矜持)を持ち合わせなければ「己の生き方」が矛盾すると考えざるを得ない。次章では高橋の「生い立ち」を探る。

六章　諧謔《かいぎゃく》・北海の羆《ひぐま》の喜怒哀楽

ゴルフに興じる高橋一平

高橋一平を勝手に占う

突然だが当たるも八卦《はっけ》、当たらぬも八卦。高橋の人生履歴を聞く前に筆者は、本人に断らず「高橋一平」の字画で専門の「占い書」を繙《ひもと》いた。

占うと、総合で「三二画」。これは「一攫千金チャンス運」と記される。時機を捉えて成功への道を選ぶ嗅覚に優れる。自信家で自我が強い。不屈の闘志を秘め、物事にぶつかる。衝突もあるが目上の人の援護を受ける運を持つ。独立独歩が成功へ導くが良き友人を得て、自分が持ち合わせない「才能の持ち主」とのめぐり逢いが運を開く。女性には甘いがモテる（「姓名判断」昭和42年7月初版・光文社刊）。

あっはっはっはっは。最後の部分は当たっている（自慢と羞恥が交錯）。

楽しかった北海道・芦別時代の少年期

実際の人生行路は如何であったか。出版界の風雲児と呼ばれ、「ミスター・ベストセラー」とも言われる評判は知られる。冒頭に、竹書房へ入社するまでの人生履歴を辿った。

親父（高橋規《ただし》・八三歳で没）は幼い頃の俺を、「コヨーテ」と称した。その理由は「何をやるにも小器用に

やってしまう性格だった」と母親（保子）から聞かされた。だけど、コヨーテには「ずる賢い」といった性向があると後で知ってこの呼び名を嫌った。むしろ、北海道にしか生息しない「羆《ひぐま》」のほうが俺の性格に合っている気がする。

「コヨーテ」はネコ目（食肉目）イヌ科イヌ属。主に北米に生息し、近縁のオオカミよりも小型だ。性格はギラギラ光る双眸《そうぼう》を持つ野生で、小型爬虫類（例・野ネズミなど）を俊敏な動作で捕食する。近年はオオカミの減少で増加傾向にある。

「羆」はネコ目クマ科クマ属で体重五百キロの巨獣も確認される。ホッキョクグマと並び称され、日本に生息する最大の陸棲哺乳類である。アイヌは多くの恵みをもたらすカムイ（獣肉を纏《まつ》った神）としてキムンカムイと呼んで崇《あが》める。

俺は、昭和十九年四月七日生まれだが、親父の職業（鉱山技師長）の関係で中国・北京で生まれた。二歳のとき伯父が住む北海道芦別へ移った。伯父は札幌近郊の三千坪の地主だったが男子に恵まれず、俺を後継ぎにとの話もあった。

だがこのまま自分の人生が定まってしまうようで親に断ってもらった。俺は自分の知らない将来を夢見ていた。例えばでっかい世界（業界）で俺という人間が精いっぱい活かされる場所だ。

長男の高橋は、裏表のない人間にとの父親の願いで、「一平」と名付けられた。彼には二歳下の弟と妹二人がいたが、弟と末の妹は他界している。母親の保子は高橋の妹・広子と同居し、健在だ(取材当時)。

小学生(西芦別小学校)時代は近くに山あり、川ありでなんでもできたから、贅沢はできなかったが毎日が楽しくてしかたなかった。

三歳の頃、親と連れ立って川淵の店で「ところてん」を食べたことと、四歳のとき、砂遊びで砂のなかにカリン糖を見つけたのを憶えている。

小学校に入ってからは運動に熱中した。当時の子どもの運動といえば、野球か相撲だ。俺はどちらも同級生に負けなかったし上級生にも飛びかかっていった。要するに強者を挫き、弱者を助けるガキ大将だった。

そのままずっと今日まで「ガキ大将」だった印象(失礼)だが、北海道芦別市は空知川流域に位置し、かつては石炭産業で栄えた。最盛期には七万人の炭鉱夫が住み着いて賑やかだった時代もある。現在は「星降る里あしべつ」の惹句で観光業(芦別岳・三段滝・百年記念館など)に主力を置く。

少年期の忘れぬ「遭遇」

あれは、俺が小学校五年生のとき。ある日、一人で近くの山にキイチゴを採りに出かけた。周辺には静かな空気が流れていた。

俺はひたすらキイチゴの実を探して回っていたが、ふと、何かに見つめられている「気配」を感じた。人ではない空気感と表現したらいいか分からない違和感に包まれる、ふしぎな体験をした。

それは操られように樹木を見上げた瞬間だった。俺は全身が縛られたように動かなくなっていた。見たこともない一羽の鳥が羽を休めていたからだ。その枝に止まっていた鳥の羽は奇妙な色調をしていて、ブルーとオレンジとピンクの三色の羽を身にまとっていた。

「なんだ、この鳥は?!」

俺とは二分間程度は視線が合ったが、やがて、「三色羽の鳥」は俺の視界から消えていった。しばらく呆然とその場に立ちすくみ、鳥が飛び去った彼方を見ていたが、なぜか胸が詰まって、気が付くと、涙が流れていた。今でも、あのときの「三色羽の鳥」を思い出すと胸に熱いものがあふれる。

あんな不思議な体験は以後二度とないが、最近になって、なぜか俺の人生を暗示していたような気がしてならない。敢えて結びつけるわけではないが、竹書房から何冊も動物の絵本を発売したのは、このときの「出会い」があったと思う。

「あー、あのときの鳥だ！」

「俺も泣くときがある」と照れ笑いする高橋だが、この話には後日談がある。数年前に自社（竹書房）で発刊する海外版の動物・植物・鳥類図鑑を眺めていた高橋の眼を射たのは、例の「三色の羽を持つ鳥」が載っていたページと明かす。聞きながら、筆者に「一期一会」の字句が掠めた。

鳥の種類は「ケツアール」という種類で、主に中央アメリカ中央部に位置する共和国ニカラグアにいると記されていた。瞬時に、六十年前の記憶がよみがえった。あのときの鳥（芦別の山で出会った鳥）が中央アメリカ産の「ケツアール種」であるのかは知らない。ただ、俺にとって忘れられない思い出と繋がったので、「奇跡」は信じたいと感じた。

実母・保子（当時九八）の証言

「私は高齢になりましたが、一平ちゃんは誕生日を忘れずに祝ってくれます。いつまでも男っぽく生きてもらいたいです」

恋に無縁の高校時代

市立芦別高校に進学した高橋は演劇部に入った。自分を表現できるものがスポーツ以外に欲しいと思った、という。自己表現を求める年代を迎え、その選択が「演劇」だった。それで？

共学だったからラブレターを貰ったこともある。しかし喧嘩は強かったが恋愛には晩生《おくて》だった。なにが可笑しい？　実際に女子と個人的に付き合った経験はない。そのぶん演劇の面白さにとっぷり浸かった。そしてこれが俺の性分に合ったから、人生、なにが幸いするか分からない。

もともと目立ちたがりなので「演劇」はドンピシャだった、という成り行きのようだ。いくら、運動が得意でも小・中学時代と高校ではレベルが違う。高橋は自分の才覚でそれを感じたにちがいない。

上級生になった年、俺の発案で『洞窟の六人』という題名の演劇を校内で披露し、これが評判を得た。戦時中、沖縄の洞窟に残された六人がアメリカ兵との闘いのなかで、それぞれが「自分の生き方」を告白しあう構成だった。そしてこの演劇が地区大会、全道大会で優秀な成績を勝ち得たのは、それまでの人生でイチバン誇らしい出来事になった。

自分に自信を持てるようになったのは、案外この時期からだろうな。

妹・多田広子（七十二）の証言

「なにをするにも中心になってやらないと気が済まないようなところがありました。妹からみても一本気でした。白黒をはっきりさせないと終らさせないみたいな。ただ、あまり女友達のことは聞いたことがありません（苦笑）」

高橋の素顔については、妹の広子が明かした実像を、かつて現役で仕事をした関係者が証言する。

「一本気な面が強くて強面の印象は強いが面倒見があって結構、人情家だ。強がって見せるのは本質、子どもっぽい面もあってのことだったろう。それも彼が人に好かれた一面でもあった」（前出・大湊満）。

大学中退の理由

高橋は大学（早稲田大学）を二年もしない時期に中退。北海道から上京をしてなぜ中途半端な道を選んだのかを訊《き》いた。

概略して話すと、母親側の親戚が食品関係の卸《おろし》の仕事をやっていたので、面白そうだし、小遣いにも

なったので手伝った。卸先が都内の有名デパートなどで、いろいろな人と顔見知りになり、売り込みは大変だったがそのうち段々とコツを飲み込むようになっていき、いつの間にか人脈が増えていた。

こっちのほうが大学に通うよりずっとエキサイト(性に合っている意)してしまい、思い切って退学した。思い立ったら突っ走る性格は今もあまり変わらない、あっはっはっはっは。そんなこんなで年上の人に好かれるというか、知り合った年長者が面倒を看《み》てやるというふうになって、世間を見る眼は広がった。

社会に出て俺みたいな若造がいっぱしの文句を垂れるのは、十年早い、と叱られもした。だが、めげなかった。怒られても何かひとつでも身に付けられたら、そっちのほうが得と考えた。大学じゃあ、とっても教えてくれそうもない「社会の知恵」と思って吸収した時期だ。その点に関しては貪欲だった。

この性分は高橋の「天分」であろう。高橋の場合の「天分」には、俗に「人たらし」といった性向を指すと思い当たった点も否定しない。

例えば、「人たらし」の核心を衝く重厚な小説がある。「人誑しの名人よね。何でもかんでもずけずけいうくせに、最後はなんだか、この人のいう通りにしようと思っちゃう」「編集者としてはいいことなのでしょうね」(「心では重すぎる」大沢在昌・文藝春秋)。

「誑《たら》し」とは、「言葉で相手を狂わす」と読み解けるのだ。

「人たらしのタカハシ」

日本歴史上、もっとも有名な「人たらし」は「豊臣秀吉」である。秀吉は信長の寵愛を受けたが、己が天下を取ろうと思ってからは有力な大名・武将・文化人を自軍に引き入れた。もっとも、秀吉の場合は、褒めて褒めまくって口説いたのは男に限らず（戦国時代の三大美少年・名古屋山三郎／浅香庄次郎と並ぶ不和万作を口説き落とす）、数多の女性《にょしょう》に及ぶ破天荒さだ。

また、坂本龍馬も幕末の「人たらし」（拙書「龍馬の愛嬌力」徳間文庫参照）と筆者は見る。龍馬の「巧みな口説（説得）」と「身のこなし（行動力）」がなければ、諸説あるにしても明治維新の根幹は成し遂げられなかったろうと。近年では昭和の宰相・田中角栄だ。「昭和太閤」の異名を持つ角栄の飾らない話し方と上昇志向の生き方に「人たらし」が如実に表れる。

「人たらし」か（微妙な表情）。よくも言ってくれた。「人でなし」と面と向かって言われたら怒るが、あっはっはっはっは。しかし、人たらしになるには、まず「人と会わなければ」始まらない。俺が言う人脈作りには、「人たらしがあって成り立つ」との考えに筋が通っているだろう。

筆者は、「人たらし」と呼ばれる人物には共通して、人を惹きつける「人格の磁場」を持ち合わせるように考える。具体的には、他人が放っとけない性向と思わせ、何かしてやらなければと思わせる人間力のことであり、「人間的な危うさと憎めなさ」を両有させる性格と判断する。

五十嵐邦男(七六)の証言

高橋の性格(天分)を五十年来の友人(元会社経営者)が証言する。

「私のほうが一歳年長だが、こっちに注意してくることがある。普通なら、生意気なとか、理不尽なとか思うが彼は特別だ。しょうがねえと何となく許せちゃう。わがままな部分もあるが、「一平なら仕方ない」と思わせる雰囲気がある。彼は遊びも徹底する。遊び仲間としては嬉しい。私が彼と交友関係を絶やさないのは、最終的には人間としての信頼感だろう」

初めて出版社で働く

二一歳からの五年間は「ノーベル書房」(前出)の営業をやった(途中で部長に昇進)。山本一哉社長に引っ張ってもらい、働かせてもらった。この時期に俺は「出版社の業務」を習得した。例の写真集「愛と夢」の特販についてはすでに触れたが、良くも悪くも出版事業の裏表を身体に沁み込ませる修業期間になった。

出版という分野にまったく白紙で向かい合ったから、業界の裏表を吸収できたと思う。中途半端に出版社の内実を知っていたら、もっと臆病になっていたかどうか。それは分からない。

なにしろ一度突っ走ったら多少の壁があっても突き破りたいのが俺の性分。理由か？　高く感じた壁を越えた所からの「景色」を観たいし、好奇心もあるが要は欲張りなのだ。

だから、「竹書房時代」は自分にとっての「面白いモノ」を徹底して出版できたと高橋は告げる。「子どもからヤクザ」までのテーマには高橋が実体験で感知した日本人の趣味嗜好が味付けされ、吟味した結果と言える。

実際はどうだったか。高橋の独善性は時代とともに顕著になる。「俺が面白いと思ったこと」、それを「出版物にする」と言ってのける姿勢に由ってだ。

俺は、「ノーベル書房」の倒産といった憂き目に遭ったが、出版社の栄枯盛衰を若い時期に経験できたのを人生にプラスにしなくてはと思い、創立直後の竹書房で「俺の流儀」を通し、行動した。それが本音だ。やるからには徹底しようと、加《くわ》えて絶対後退しないと決めてだった。

二十代半ばで社会勉強できたと告白するのは格好良すぎとの感想を筆者は抱きつつ、出版他社が手を出さない読者層を狙う「竹書房のクラス・マガジン化」の徹底というスローガンに結びつく経緯を質問する。創業時が「月刊・近代麻雀」と「4コマ・マンガ」という限定的な読者層を対象にした読者環境と、どのように向き合ったのかの真意を訊くためだ。

（竹書房の）このままの出版体制での営業（形態）に、「将来はない」と判断し、前途を覚悟した。疑問も渦巻いた。それで営業的な勘が働き、正直、近いうちに限界が来ると考えた。当時、他の社員には黙っていたが、なにかをしなければと内心焦った。だが、逆に考えれば、しばらく時が経って「俺流の方法論（流儀）」を現実の営業に縦横に使いこなせると思いついたのは、人生の幸運と悟った。

零細出版社（竹書房）への転身

高橋は口調を変えて竹書房へ移る経緯を話した。それを前提にしないと竹書房との関わりを話せないというように口調を強める。

ノーベル書房が倒産して短期間、俺は東京新聞社の営業部員だった時期があって、その後に営業で知り合った伝手《つて》を頼って、自分で「企画会社」を作った。それから話さないと前へ進まない。名称は「ＫＩ企画」。デパートやスーパー（長崎屋など）への、季節ごとの催しとなる「夏祭り」とか「秋祭り」の口利きとかで企画料を得た。

企画を考えるのはその頃から得意だったし、それを具体化するコネはあったから利用しようと。俺のそんな特性が鍛えられた時期とも言える。失敗も数多く経験した。裏切られもしたし、人とのコミュニケーションの難しさを嫌と言うほど身に染みて、悩んだ時期もある。金が足りなくて二進《にっち》も三進《さっち》もいかない苦しみを味わったとき、助けてくれた人もいてその温情は忘れられない。

まあ、「人間関係は徹底しろ」とか、「仕事は中途半端になるな」と、俺が敢えて「人脈」を大事にしろと社員に伝えたのはその経験からだ。その当時は、いろいろやったし、いろいろ言った。口で言えば簡単だが、それなりに社会勉強をさせてもらった時期だ。この時代が俺の人生観の基礎を築いたとも感じる。それに若かったし、怖いモノ知らず。人生には誰にもこうした「怖いモノ知らず」の時期がある。しかも徒手空拳の俺は自分を信じるしかなかった。

「人にそれぞれの人生あり」とは、人間が生きる春夏秋冬を意味するが。人との縁を活かし、当人の覚悟を塗した高橋は、「負けるのが嫌だから」とエネルギッシュに気持ちの熱量を消費したという。そこで訊いた。

「北海の羆」と竹書房の機縁には何があった？

企画会社をやっているときに、竹書房を創業したばかりの野口恭一郎と（竹書房創設者）と出会い、誘われて入社をした。俺にはノーベル書房や東京新聞社時代の「営業のノウハウ」があったし、多少の取引先のコネを持っていたので誘いに応じた。創業者（野口）は仕事先で俺の言動を知ったらしい。

当時のことはすでに触れているので繰り返さないが、その頃の竹書房には本物(専業)の「営業マン」がいなかった。本物とは、業界のノウハウをどのように活かすかの判断力を持つ「プロの営業マン」だ。

俺の「実行力」と「企画力」の両方を活かせるのは、「出版社だ」と直感し、さらに言えばその二点で俺は人に負けない自信があったので、全力で懸けてみようと決めたものだ。

そうした人生の機会を与えてくれた意味で言えば、すでに物故(2010年10月7日没・享年76)した竹書房創設者の「野口恭一郎」に感謝している。

野口恭一郎(1934年2月17日生まれ)は福岡・北九州市出身。八幡大中退後の昭和三五(1960)年に実業家になり、その後に竹書房を創立。「次世代の麻雀界を担う人材」を発掘する意図で、「野口恭一郎賞」を創設(2001年)し、世界最大級の「麻雀博物館」(千葉県夷隅郡岬町)を開館(1999年4月)した。

本質は内気?

今回取材した強気・強面が印象深い高橋の素顔を知る人間が二人がいる。一人は五十年来の友人で、平成二九(2017)年に「日本映画批評家大賞ゴールデン・グローリー賞」を受けたコメディアン・小松政夫(前出)。もう一人は重要な仕事先の大湊満(前出)である。

「強がるのは本質がシャイだからだろう」(大湊)

「神経が細《こま》かいのは恥ずかしがりだからでしょうね」(小松政夫)

高橋が高校時代まで恋愛を経験しなかったと告白するのは、知人らが期せずして指摘する「本質がシャイ(内気)」なのか。

シャイなのかどうか。ただ、それもあってか逆に初対面の人には積極的に話題を振った。喋れば人格が滲み出る。それで俺が知りたい相手の本音部分を探ったという具合だ。

それこそが本質であるシャイの「裏返し」であろう。

中学ではずっと「野球」に熱中したし、高校に進学してからは「演劇」が面白かった。俺は何かに凝るとそのことに身を入れてしまう傾向がある。恋愛は相手と出逢えばいつでもできるが、青春はその瞬間でしかないと信じ、できるだけ楽しみ、なおかつ芯から味わいたかったというのが本音だ。

青春時代は野球と演劇に「恋」をした(ちょっと気障だったか)。それにしてはあまりに汗臭い青春時代に聴こえる。眼の前の本人とは別人にさえ見えたからだが。真意はどうか?

時間を見つけて読書はした。中学時代は主に日本文学で川端康成、芥川龍之介、志賀直哉を愛読したし、高校ではアメリカ文学でヘミングウェイ、スタインベックなどだが、「老人と海」(ヘミングウェイ著)がイチバン印象に残っている。もともと、何かにぶつかっていく人間の姿に惹かれる性質《たち》だ。俺もそうありたいと思って熱中して読んだ。

初恋結婚

本人にとって最初の恋愛はいつだったのか。恋愛を結婚までしなかったとか?! まさか。後年、銀座の超高級クラブを遊泳し豪遊した「竹書房会長」が結婚まで恋愛をしなかったとは? 高橋の初体験は?

結婚した女房(喜代子)が初恋だ。俺が東京新聞社の営業をしていたときに知り合った。女房は広告代理店の営業の経理をやっていて、何度か顔を合わせて付き合うようになった。二十一歳のときで、女房は二歳下だから十九(歳)。俺が面白可笑しく話すと、よく笑い、笑顔が可愛かった。もともと性格が明るくて笑ってくれる女性は好みだった。

青春純情物語の経緯を聴く。それでどう展開した?

金がないからデートは手ごろな飲食店(JR神田駅前のカレー店など)が多かった。食後は近くの喫茶店で

コーヒーを飲んで他愛ないことを何時間も喋った。正直、時間を忘れた。互いに住んでいる方角がＪＲ中央線沿線だったのは運命だったかもしれない。送っていく口実ができた。あっはっはっはっは。

妻・喜代子（七三）の証言

「デートは当時五十円のカレー屋や、いろんな安い店に入りました。主人（高橋）と会える時間が楽しかったです。見た目よりか気持ちのやさしい性格で気遣いをしてくれたですね。最初の頃はこんなにやさしいと他人に騙されやしないかと、よけいな心配をしたくらいです。

お喋りだったかと思うと急に無口になったりして。モノより気持ちのタイプなのが分かり、私は人柄を信用しました（笑い）。でも、島倉千代子さんの歌ではありませんが、『人生いろいろ』（作詩中山大三郎／作曲浜口庫之助／編曲竜崎孝路）です（苦笑）。出逢ってずいぶん過ぎて一緒になりましが、最初の頃は大変でした。月に入る収入は八万円ほどで、当時の日本人の平均給与の半分もありませんでしたから。三鷹（東京都下）で農家から借りた借家が出発点でした。（女性問題で）二度ほど泣かされましたけど、『面白いヒト』だったので飽きませんでした（大笑い）」

愛娘・裕子（四三）の証言

「一言で父を表現すれば、愛を持った父、です。何かと多くを語らず、少ない言葉で的確に教えてくれました。反面、押しつける部分もありましたけど（苦笑）。高校進学で私がやる気がないときに、それとなく進路の言葉をかけてくれたのは、今になって振り返ると、有り難いと感じました」

酒と薔薇（女性）の日々？

話題は大転換する。高橋の人生には「盛り場」が欠かせない。人脈を作っていく過程で、夜の銀座通いは絶好の「男の流儀」を刺激する場になったと振り返る真意を質した。

長い時期、毎晩のように銀座に通った。桃源郷だった。まるで通勤するように足が向いた。酒場で出会う酒と女と友。楽しかった。酒を飲んで語り、時間を忘れた。というか忘れさせてくれたと言うのが現実に近い。酒も店も女も俺にとってすべて活力源になった気がする。

人はそれぞれの心を休められる場を求める。昼夜区別なく働く高橋には、「その時代の日本の景気状況が分かる街」と指摘される夜の東京・銀座が休息場になった。アンディ・ウイリアムスが「大人になって、子どもの頃ように笑い転げた日々は遠ざかり、その扉は閉められた」と「Big Artist Selection」と題するアルバムで唄う「Days of wine and roses（酒とバラの日々）」が聴こえる気分だが、高橋の現実はどうだったのか。

偉ぶって銀座礼賛を告げるわけじゃないが、夜の銀座で働く女性たちの立ち居振る舞いが俺には好ましく映った。店側スタッフもホステスたちも俺の気持ちを察して応対し、何気ない気遣いと和やかな会話が心を休ませた。男の酒飲みにとっては女の心遣いが嬉しい。その嬉しさを味わいたいのと、知り合いの誰かに会えるワクワク感で、銀座を目指せ、だよ。

銀座に顔を出せば知っている人間と出会える。その出会いの楽しみも当然にある。彼らの存在を確かめたとき、ちょっと気障だが俺は俺でいられる、という安堵感で今夜も飲んじゃえとなる。

あるとき、銀座の女に惚れた。俺の理想は吉永小百合だが、雰囲気がそれとなく似ていて心を惹かれた。口説き落とすまでと頑張ったな。今夜こそはと振られる覚悟で通い続けた結果、付き合った。その頃は惚れると熱くなる俺は体調が良くなくても通い続けた。性分だから仕方がない。口説けるまで通うのが俺流の銀座通いの裏話だ（大笑い）。

「引く鳥は引きて恋鶴は引かず」（淵脇護）の心境だったかを知るのは本人のみだが、高橋と飲む親しい仲間の意見は多少、異なる。
「本人が言うほど酒の量は多くない」（前出・五十嵐邦男）
「付き合いはいいが酔いつぶれるまでは飲まない。飲む雰囲気のなかに自分がいるというのがなにより好

きみたいです」(前出・小松政夫)

俺と飲む相手はどういうわけか「(高橋の)存在の雰囲気が醸《かも》し出す磁場(人間的魅力)に引き込まれる」と言うが、正直に言えば係(担当のホステス)を横に、酒はマイペースがイチバンいい。最近はもう若くないし、バカ騒ぎからはずっと遠慮している。

もともと本質的に暗く飲むのは嫌いだ。性に合わない。陽気なのが気性に合っているので俺の係は、「(高橋)会長の席は話題が豊富で、会話が楽しいので時間を忘れる」と。俺も女を口説くし、昭和のオヤジだからダジャレも言うが下品な悪ふざけはしなかった。

その明るい性向からか高橋は仕事がらみで芸人を連れて飲むこともあった。そうした陽気な酒飲み(ブランデーを愛飲)だが、本質はマイペース主義という。皆が酔っている場に身を置くのを何より好むタイプとも自己分析して語る。それで訊いた、酔えば唄うのか。

唄は好きだ。十八番《おはこ》は民謡出身の昭和の人気歌手・三橋美智也の「哀愁列車」(作詩横井弘／作曲鎌多俊与)だよ。

〽惚れて　惚れていながら　行く俺に

好きあう男と女の別れが切々と胸を打つ詩が胸に迫るし、この哀切なメロディーを聴くと、どうしても芦別（北海道）を思い浮かべる。

あとは、小林旭（俳優・歌手）の「北へ」（作詩石坂まさを／作曲叶弦大）も気に入っている。男の心情を素直に唄える。

〽名もない港に　桃の花は咲けど

取材の場で本人のアカペラ（伴奏なし）を一曲聴いた。同世代の筆者はムード歌謡の愛好者だが、高橋はロマン旅情演歌が好きなようだ。

ムード歌謡も悪くないが俺は演歌の旅情がいい。脳内で描く田舎のイメージの風景を具体化させてくれるし、旅をする男の心境に同和して感性が痺れるのが堪らない。ロシア、ウクライナ、ポーランド、フランス、ドイツ、中国、アフリカ、南洋諸島などへ出かけたが、そのたびに気持ちが晴れやかになった。率直に言えば、俺は土着より流民のタイプなのかもしれない。生まれは満州（中国東北部）だし、育ちは北海道だ。

高橋に「隠し芸(?)」があると知る。ハーモニカの吹奏だ。西芦別小学校三年のときに習得したという。生憎、ハーモニカは手元になかった。

俺の隠し芸にみんな驚く(信じるしかない)。曲目は小学唱歌(小学校用唱歌集)が多い。「みかんの花咲く丘」「ふるさと」「海」など4~5曲はすぐ吹ける。小学唱歌ではないが「菩提樹」も好きな楽曲だな。不思議なことにハーモニカを口にすると故郷(北海道・芦別市)の風景がよみがえり、素直にセンチメンタルな気分になる。それがまた懐かしさを蘇らせてくれる。俺は雄大な北海道が好きなのだと。

銀座界隈の交友録

歌ときたら後残るのは「綺麗な薔薇」となる。もっとも、綺麗な薔薇には「棘《とげ》」がある。その点はどうだった?

俺の(女性)好みは前にも話したが、性格が明るくて気が利くタイプ。要するに快活で頭の回転が早い、の二点だ。顔とか声とかスタイルはそのあとだな。どんなに顔やスタイルが良くても、性格が暗く、頭がよくなくては好きになれない。俺が惚れるタイプは昔から変わらないな。

女性の頭の回転のよさは気配りが利く点に通じる。概して男は、こちらの気持ちを察してくれる母性的な女性に好感を抱きがちだが、情報通に聞けば、相手の気持ちを察する接客に関して、殊に銀座の女性は徹底して教育される。その接待対応が欠けると銀座のホステスで一流にはなり得ないと、銀座雀は囁く。

銀座の店がすべてそうなのかは知らない。少なくとも俺が通う「M」は文句なしだ。店のママの躾が行き届いている。席に腰を下ろしたとき、「安心できる」というのを実感できる特典のある店だ。

「M」は夜の通人ならだれでも知る銀座界隈の超高級クラブ。その店が自分の居場所に戻ってきたと率直に明かし、「自分の定位置」と高橋は告白する。店の個性というか漂う雰囲気は経営者（主にママ）の生き方に影響されると通人は明かす。筆者は取材中に幾度も高橋が発したクラブ「M」に興味を惹かれ、今回、取材を申し入れたが、「クラブは私的空間」との理由でオーナーママに丁重に断られた。それもあらんと納得して引き下がった経緯がある。

ならば。視点を変えて客である高橋に質問した。女性（ホステス）たちの振る舞いの対応が男心を心地よくしてくれる理由は何か？　男の我が儘を受け入れてくれる美質とは、を問うた。

銀座界隈のトップクラス（売り上げの多いホステス）**の職業的高級感はそれだけじゃない。実に「政治・経済・社会・文化・流行」の情報を広く持つ。**

店のトップクラスは出勤前に新聞数紙を読んでくる。事前に来店する予定客の「話題の好み」を仕入れておくためだ。ウチ(竹書房)では具体化しなかったが世代別の女性が関心を集める企画の参考にした。気障に言えば、そのときの日本の景気がイチバン分かる銀座で、世の中を感じることもあった。彼女たちは「接待です」とのよそよそしい会話は封印する。その基本的なマナーを弁《わきま》える。外面の綺麗さ(装い)だけでなく、接客の美点が銀座の特質だろうな。

「トロフィーワイフ」の意味

男(に限らないが)は内部に弁える品格を具えた美しい被写体にあこがれ夢を抱く。ゆえに、筆者にも多少経験はあるが美人を鑑賞するのを「眼福《がんぷく》」と聞く。賛同する高橋に前置き抜きにして質問をした。最近、耳にする「トロフィーワイフ」という「ワード」を知っているかを訊ねた。極上の女性という話題に触れて高橋へ振った。

最近、そのフレーズを耳にするが。
どんな意味?

高橋はワードの意味を理解していなかったようで、率直に質問を返してきた。モデル出身の米国のトランプ大統領夫人がＴＶに映るようになって、このフレーズがクローズアップされるようになった「ワード」だ。男を際立たせる華やかな効果を演出するのに、見栄えのいい女性を脇に立たせる意味を含む。あくまで、街の噂（銀座雀）だが、銀座のクラブのトップクラスの女性で、その筋の顔役の「姐《あね》さん」になっている人がいるとかいないとか。「トロフィーワイフ」とは、男にとって案外に深い意味が込められる。

分かった。蘊蓄《うんちく》は拝聴した（一息入れる）。女は外見だけではなく、中身が肝心だ。男も同じ。最近は男も女も化粧やファッションに気を奪われる傾向が見られるのは、どうかな。心の有り様がイチバン大事なのに。俺にこんな体験話がある。

高橋の口調が落ち着いた調子に変わる。

こちらの関心を誘う口説は高橋独特の間合いだ。

銀座とは話が離れるがいいかな。銀座の女ではない話をしよう。以前、某化粧品会社に勤める女性と仕事で知り合った。彼女は西洋的な化粧品を商売にする会社（メーカー）勤めなのに、和風なたたずまいがあった。それになにより性格が明るく、細かい気配りが働く素晴らしい人間性を持ち合わせていた。

仕事・恋愛に関係なく男も女も一人の人間としてどう生きるかを彼女と話していて感じたな。ところで、最近そうした女性が増えている気がする。女の経営者が目立つのはいい傾向だ。出版物も「女性を

ターゲット」にする企画の重要性は大事と悟った。前に触れたが、竹書房のアメリカ版の「動物図鑑」は女性層を意識したことがキッカケになった。

「都内の女性社長9万5176人」（平成三十年／2018・1・30朝日新聞東京版）の見出しが目に入った。「都内の女性社長数は前年平成二九（2017）年の1・8倍で、社長数全国2位の大阪府（3万1766人）の3倍。理由は、少子化で意欲のある娘への権限移譲や、女性の起業への自治体の支援態勢が向上していると分析する（「東京商工リサーチ」調査）。

職種はサービス業が45・2％、不動産業15％、小売業10・6％だが、残念だが上場企業は1・18％。平均年齢は61・4歳。因みに名前は「和子」「洋子」「幸子」の順で、上位20位まではすべて「子」が付いていた。

さすがに最近の銀座（に限らないが）などの盛り場では名前に「子」が付く源氏名は少ない。日本女性の社会進出は世界的にまだまだ遅れるが、広い世間での男女の出会いは職業に関係なく、男と女の人間性が人と人を結びつけるという道理であって銀座であろうとなかろうと変わらない。

当然だ。このデータは何を今さらって感じだ。

男女の好き嫌いは結局、「人間性の相性」なのだろう。

ただ、出会いがあった数だけ別れもある。高橋にも。

付き合った女性からも逃げなかった？

逃げなかった。それはハッキリと言う。どんな事情があっても別れにはきちんと理由を告げた。だからトラブルは過去にない。苦しくても男としての当然の行為と思うし、それだけは守った。

人との知り合いは「多生の縁」と知る。人脈作りは夜の銀座だけだったのかと遠まわしに訊くと、高橋は当時の記憶をよみがえらせた。

やはり銀座が多い。かつて俺は銀座で多くの人と知り合いになったし、同席をした。敬称略で話すと作家IやK（伊集院静、北方謙三）とは一時、よく出会った。仕事の話より人生や女の好みを喋った。その関わりが仕事の人脈になった。一例だが、クラブの「M」ではまったく顔見知りでなかった作曲家H（平尾昌晃）が、小松（政夫）と飲む席へ差し入れをしてくれた。

また、アクション俳優W（渡哲也）にもあいさつされた。世に知られた男たちのいる場所に今俺は居る。それを実感して嬉しかった。余計な会話は交わさなくても同じ場所（この場合は「M」）に居合わせるという親近感で繋がる空間を、同時に過ごす時間が男の誇りとなった。だから、俺にとってそうした「トップの男と気持ちを交わせる場」を持つ理由が、銀座に通う拠り所と言える。

銀座の他にも出会いはあったはず。

銀座以外では六本木。今は亡き作詞家の中山大三郎が印象に残る。彼は文句なしの「愛すべき大した酒飲み」だったし、映画監督の鬼才・森田芳光も個性的な人間味が大好きだ。それに大野竜（北島音楽事務所社長・歌手北島三郎の長男）の男っぽい気風は素晴らしい。

若き日の「新宿奇譚《きたん》」

若い日の「高橋一平」の姿を新宿で見かけ、「関わりがあった」と筆者と仕事の関わりを持つ書籍の編集長（当時）が明かす。

「以前、新宿の『どん底（文化人などが集まる新宿の有名店）』で出会い、とにかく人柄はユニークでした。人を楽しませるユーモアと気遣いにあふれる個性は、異色の粋人が夜な夜な集まる魔界の新宿でも飛びぬけていた。ずっと後輩の私は奇しくも苗字が同じだったこともあり、何かと可愛がっていただいた」（辰巳出版（株）社長室室長・高橋栄造）

そこで少し、銀座から離れて新宿の話を問うた。高橋の思い出話には「銀座」と「新宿」の夜の交情の違いが明確に浮かび上がる。

なんと言っても新宿は、若くて無茶をした懐かしの盛り場だな。

昔日を思い起こす表情で、しばし黙考する高橋。

本拠地は、「どん底」という知る人ぞ知る老舗酒場だが、取り分け俺は、「面白い人」とか、「変わった客」とか評判だった。当時は金に不自由していて「ツケ(借金)」をしてしまい、あるときに、せっぱ詰まって「店(どん底)の歴史」を定価千円で千部単位を刷って売り捌き、借金をチャラ(棒引き)にしてもらった。

新宿時代の俺は酔うと徹底してふざけ、おどけて見せた。例えば「白鳥の湖」の真似をして店内で踊ったのは、周りが喜べば俺も乗った気分になれたし、時間をなお忘れられた。笑いの渦のなかに俺自身を入り込ませると、目の前がぜん明るくなる。ユーモアは俺の本質だなと実感した時間だった。あれは何とも言えない「ハッピーな気分」だ。俺は「幸せな自分」を演じて益々、ご機嫌になるという塩梅だった。だから気分よく、「変わっていて面白い人」との噂を裏切らないように、徹底して「そのキャラクター」を演じた。何を隠そう「演じる自分」を別の自分が観ている感覚が好きだったな。

筆者は高橋が役者か芸人になれる素養があるように思った。高橋の滑稽な調子での新宿時代の懐古談を取材しつつ、懐かしい気分に浸った。小学生時にラジオで古典落語の聞きかじりが発端で、後に寄席を覗いた十代から二十代にかけ、身内の宴会・学芸会・町の施設・会社の旅行会で、自作を交えて落語を演じるのが趣味だった筆者は、高橋の江戸落語を聴くような口調に惹き込まれて大笑いした。

「笑いを運ぶセールスマン」

例えば、勝手にヘンテコな身振りと、踊りの「アテ振り」の真似をして客を笑わせた。客の笑いが俺を幸せな気分にしてくれたのさ。俺の性格の本質はユーモアで人を楽しませることに尽きる。人の笑顔は俺を幸せにしてくれる。笑いの渦のなかにいる時間が「俺は生きている」って実感させられたからさ。そんなキャラクターを演じながら、そのまま店の外へドロンと消えていなくなったことも。あっはっはっはっは。それでも次の夜に顔を出すと、「待っていた」と店側も歓待してくれる。店だけではなくて常連客も「一平ちゃん、ウエルカム(歓迎)」だ。そういう人とのつながりが俺を育ててくれた。それは今になってはっきり自覚することができる。

若いころの高橋が剽軽《ひょうきん》さを巧みにカムフラージュして、他人の心に忍び入った、と推測したのは、生き方がブレない証しだ。場の雰囲気をぶち壊す発言や行動は控え、自分勝手な一人芝居になるのを慎んだとの印象からだ。

要は人事交流の場の潤滑油になるのを自ら好み、「奇抜な行動」で表現する性向によって展開させる立ち位置である。このときの高橋が天性のユーモアのエッセンスを縦横無尽に発揮できたと振り返るのは、「若き日の晴れの場」だったと自覚するからにちがいない。


当時の俺が何か仕出かしても、「ごめんなさい」と言えば許されることが度々あった。それが社会人として通用するのかどうかはこの際、時効で勘弁してもらいたい（苦笑）。

その頃、新宿の区役所通りで酔ってタクシーに乗ったとき、運転手がそんな俺を、「お客さん、たたずまいが格好いいですね」と言ってくれたのを忘れない。俺は裏表がないから自分に正直なたたずまいを心掛けた。それがモットーと言えば格好良すぎるが、その粋筋《いきすじ》は守ったな。人生に笑いは絶対に必要だ。だから俺は「笑いを運ぶセールスマン」になった、という昔ばなしで聞き流してくれて構わない。

「仕事も遊びもやることが面白くなくては人生ではないし、生きる喜びがない」。

新宿時代からこれを人生訓にして何でもやらせてもらった有り難い生き方と思っているが、喜怒哀楽は人並み、あるいはそれ以上に味わった。裏切りや中傷もあった経験が「人を見抜く感性」を育ててくれた。新宿は「俺の反面教師」になった。


煙草を一服した高橋が、唐突に「ある人物」の名を口にした。心なし背筋を伸ばした恰好で話し始めたので、懐古談の空気が俄かに緊張した。

人生の「大師匠」

「この人」のことは話しておかなければならない。俺の師匠の存在だ。

高橋が居住まいを正したように口火を切ったのと、筆者が興味を抱いて身を乗り出したのは同時だった気がする。これだけ多くを語った後に、まだ言い足りない「相手」とは誰なのかに好奇心をそそられた。

今もって忘れられない「人物」がいた。俺の恩人だよ、その人は。確かな生き様の裏付けで世襲などの古い垣根をぶっ壊して自我を通す決断は並みの精神力ではなかった。それでいて一本の筋を通す。俺の目指す生き方の見本になった人だ。

「人物がいた」とは過去形である。すでに故人か。その人とはだれなのか? 微妙な「間」があったと思うが、高橋は口調を改め、遠い日を偲ぶように「その人」の名を告げた。

立川談志師匠（落語家・立川流家元）だ。俺と師匠との交流の始まりは奇妙な具合だった。師匠の何のパーティーか忘れたが、その場でいきなり俺に挨拶をしろと師匠から指名されたことに始まる。それまでに、それほど親しく話をしたわけでもなかったら、さすがに面食らった。まったくいきなりだったが躊躇している暇はなく、俺は覚悟を決めて壇上に立った。そしてこう挨拶した。

「談志と書いて、『志を抱いた炎の語り部』と読め、このうえなく素晴らしい名跡(名前)です」と。

高橋が出版界の風雲児なら立川談志は古典落語の革命児である。談志は師匠五代目柳家小さんから独立して「立川流」を創設。古典を現代人的な感覚で演じ、現代人的価値観で「伝統を今の世に」と疾駆した一生が衝撃だった。夫婦愛を描いた名作「芝浜」は談志自らの「代表作」と公言し、語り口は絶品で今も語り草だ。

高橋はこのパーティーを機縁に竹書房から「立川談志落語名作集」のＤＶＤを発売し、大当たりをとった。

気障に言うと、挨拶するその瞬間に天から言葉が降りて来た。まったく咄嗟にあふれ出た「字句(言葉)」だが、それを聴いた師匠が物凄く気に入ってくれ、以来、銀座で待ち合わせて飲む仲になった。交流して素晴らしい会話の含蓄と人間味のある人だといっぺんに惚れた。

忘れられないのは、師匠が癌の手術を終えた時期に酔った俺が銀座に呼んだ一件がある。周りは止めたが俺は師匠に電話をした。なぜか師匠の「声音」が聴きたかった。声を聴くだけで本当はよかったのに。

自宅にいた師匠が銀座まで飛んできてくれたので、二度びっくりだ。

「師匠が来店されました」と、店の黒服（従業員）に聞かされたとき、俺はまさかと思い、胸が詰まった。嬉しさと申し訳なさが入り混じった気持ちを抱きながら、師匠のやや痩せた姿に俺は直立不動で頭を下げた。

師匠は俺を一瞥し、口元に例の人懐こい笑みを浮かべて、席にドスンと腰を下ろし、そして言った。

「バカ野郎、俺もお前と飲みたかった」

その口調はまさに江戸っ子の粋な啖呵だ。心が震えたな。

高橋が記憶に浸る数秒、間《ま》があった。その間、「バカ野郎、俺もお前と飲みたかった」の声音が、師匠の語り口で筆者の耳奥にこだましたものだ。

「お前と飲みたかった」なんて、大病を患って退院した人間が咄嗟に言える言葉ではない。師匠の気遣いだった。そんなわけがないはずなのにと師匠の男気が胸に沁みた。あんなに潔い人物はいなかったな。あのときの退院後の師匠だから本音じゃなかったろうにと。いまでも俺の胸に師匠の顔が浮かんでは消える。

しばらく、沈黙が間合いを埋める。

「粋《いき》」を見せる師匠に男の意地を感じた。手術後のあの立川談志が電話一本で駆け付けたのだ。それから歩いて五分の場所にある師匠の娘さんが経営するバー（T・当時）に移動した。

今思えば、あの夜、師匠はほとんどグラスに口を付けなかった。俺の呼び出しに駆け付けるためだけに来てくれた。あれこそ、男の色気、と思った。男と男の付き合いとして、あの夜の記憶はいまも胸の底にある。

俺の生き方の天辺にいる師匠は、伝統に雁字搦めになって同業者が見向きもしない、あるいは億劫がって手をださない分野（廃れた古典落語の現代語化）に失敗を恐れずに突き進む。そうした立ち位置に感動できた。俺もそんな生き方をしたいって思わせてくれた唯一の存在だった。

立川談志の男気の顛末は、例えば友人というのは掛け替えのないもの。葬式でどのくらい人が集まってくれたかで、その人の生前の人間性が分かるという喩えを思い出させるが。天才落語家立川談志の魅力とは、酒と薔薇以上に「人間力」であった気がする。あらゆる落語の演題のなかで、「最高傑作」と談志自身が認める三代目春風亭柳好を彷彿させる至高の名作「野ざらし」の口演が、古典落語を愛する筆者にもよみがえる。

友とゴルフと、家族

高橋はゴルフ好きで腕前も評判がいい。
スコアはどのくらいなのか、話を振った。

ゴルフは好きだ。自然のなかに包み込まれる開放感がいい。業界以外のコンペに積極的に参加したのも人脈を広げると考えた末だ。

1ラウンドのスコア？　迷惑にならない程度に（72ホールで）**70後半から80前半かな**（最高は「73」と語る）**。もっともそれはずっと若いときの話だ。今はそれに10打プラスだろう。だから最近の俺のゴルフはスコアよりも交友が主だ。もともとそれが動機だったし。**

五十嵐邦男（前出）の証言

「私は彼のゴルフ仲間。他に二人加えた四人で年に一〜二度、旅行を兼ねて出かけ、いつも愉快に過ごす。沖縄へも行ってきた。彼のスイングは素晴らしいというのが仲間内の評価だけど、実は私が彼にゴルフの手ほどきをした（苦笑）」

二年前、沖縄へ仲間三人と行ったことがあった。毎日がゴルフ三昧だった。天候は生憎だったが久しぶ

りに気分爽快。「会長解任」なんてすっかり忘れるほど、愉快な時間を送った。気の置けない仲間というのは嘘がないので胸の内を正直に吐き出せる。

話の流れで今回の竹書房の一件については、「あくまで俺は不当解任だ」と思うと告げると、全員が異口同音に「解任って、何、それ？」と発して、大笑いとなった。まったく世の中は一寸先が闇だと励ましてくれた。仲間ってほんとうに支えになる。有り難いよ。

イギリスの詩人の言葉に、「不釣りあいの友情は憎悪に終わる」（オリバー・ゴールドスミス）というのがある。それに反して、二十年以上、年に複数回、ゴルフ旅行ができる友人を持っているのは恵まれている。にしても、「これを機にそろそろ悠々自適な生活をしたら」とか、友人たちは高橋にアドバイスしなかったろうか。

家族との時間は大切だ。思えば、ずっと仕事一本やりの人生だったからな。しかし性分と言うのはどうしようもない。俺にはまだやりたいことが山のようにあるから、のんびりとしている気はない。そりゃ、最近は前より少し時間があるので、近くに住む二人の孫と会ったり、ゴルフをしたり、動物がテーマのTV番組や時代劇を観る機会は以前より増えている。

しかしダメだな。落ち着かない。ミニダックスフンドとフレンチブルドッグの二匹の愛犬を連れての朝の散歩中も、あれをやりたい、これも手を付けたいと脳内が企画の運動会だ。性分だから仕様がない。

人脈は「言葉」で奪う

それでは以前とあまり変わらない。根っからの「仕事人間」であるからか。ということは人との交流は絶やさないのが日課なのかを訊ねた。

俺が「人脈を築け」と口にするのは単なるお題目でないのは、これまで話してきたので分かるはずだ。第一に視野が磨かれる。銀座での交友がどうのこうのではない。いろいろな世界で働く人と交われば自分の世界観が拓《ひら》かれる。新しい発見は体験して分かること。そのときの感動を企画に生かさないのは勿体ないと思う。俺の独りよがりじゃない、人生体験での正直な感想だ。

プラスして、本を読む。要は「会話する言葉」と「それを信じる自分」が重要との意味を読書から得られるとの意味合いだ。心のない言葉を交わしても時間の無駄の論理から推断すれば、人は「言葉」で繋がる。

全貌を相手に伝えるに不完全とはいえ、言葉にこそ「人の真実」が隠されるので、「言葉は神である」とのキリスト教のヨーロッパ伝統の文化の至言に逃げてはならないだろうが、それだけに阿《おもね》らない真理は高橋の持論と気脈を通じる。

企画を具体的な出版まで到達させるには、「逃げない流儀」が必至との結論へ結びつけるのが高橋流だからである。

俺の独りよがりじゃない。格好つけても仕方ないが、目指すことから逃げないに尽きる。我慢比べだ。一度逃げると「逃げ癖」が身に沁み込む。だから俺は逃げなかったと言えば格好良すぎるが、現実は逃げられなかった立場だった。それもこれもすべて「出版物の社会性」を信じるからと言い切れるし、それを信じなくては出版物は提供できない。

「人脈を言葉で掴む」とは、相手との会話で己の感性を刺激するヒント(暗示)を得ることと解釈する。会話中で相手からの一語を緩慢に聞き流すのではなく、如何に敏感になって意味するところを自覚するかの問題だ。

ただ、「自分の言葉に違和感を抱いているという君は、見込みがある」(田村隆一・詩人)と、人間の言葉の曖昧さ、自分勝手、自己暗示を喝破する「明訓」もある。言葉を百％信じると不確かな事情が多発しがちなのも現実ではないか。

例えば、筆者の経験では、人は本音を吐く瞬間に、その言葉尻に相手を窺う気配を漂わせる。それは内心を覗かれる「羞恥」を当人が本能で感知するからではと考える。先の詩人田村隆一の言質は、「言葉に疑いを抱かないような人間の書く文章なんて碌なモンじゃない」と続く。

まさに高橋の持論に真っ向うから抗うが、「人の言葉」を信奉する、あるいは刺激を受けるといった高橋の論法は、世の動きに反応する立ち位置から見えるのが世相であり、またそれこそが「現実」と繰り返す。具体的な例として、竹書房版の出版物は、十数年前のマンション建築不正疑惑の実体や、ムック版の東北大地震詳報等がある。

「活字文化」で感動を繋ぐ

日常の言葉（俗語）がなくならない限り、紙の文化は滅びない。だから、今後も俺の使命は「感動を紙で伝える」だ。紙（活字）の文化は人の感性に巣食う。その瞬間に映像は消えるが紙の活字は残る。とは言うが、印刷された文脈にこそ人の息遣いが残ることに出版の価値がある。

文字の持つ強烈なインパクトから人は逃れられないので、「紙（活字）の文化」は滅びないと。人が異なる考えを発するかぎり、言葉は生まれ、なくならない。映像での衝撃もさることながら、当然だが文字・活字からのインパクトは人の想像力に訴えることで広がる心理作用で記憶に訴える力はより強いと思う。但し、「紙単体」でというよりか、電子・ネット・ＩＴなどとの連携は欠かせない時代と考察しなければ取り残されるとも考えるのは必然だ。

出版の将来を信じるから俺は前を向ける。前を向くからアイデアが次々に浮かんでくる。それが俺の

走ってきた「出版人生」だった。

取材中、高橋の論調は終始変わらない。高橋の行動心理を考察するに、筆者は大自然に分け入って霊気を感じる修験道《しゅげんどう》に思い至る。即ち、行動することで験し（しるし・悟りを意味する）を会得する修験（実修実験）である。「まず動け」、そして「話せ（語れ）」。そうすれば「出会いを得て」、何かを感じられるとの道筋に繋がると訳知りに思うが、現実対応はそれだけでは済まない側面も多々ある。

酒を飲む回数とか銀座で羽を延ばすことがベストとは思っていない。当然だろ。肝心なのは本人の好奇心とそれへの見極めがあるかないか。だからこそ、未知のそれを求めて外へ出ろ、という意味で言う。

企画の思いたちはちょっとした会話や知識の聴取で相手の懐に飛び込み、世間の気風を感じた瞬間に得られる場合がある。ウルトラマン・シリーズも動物図鑑も洋画文庫もそうだった。企画を立ち上げればかならず協力してくれ、助けてくれる人間が現れる。俺がいい見本だ。

率直に記せば、高橋戦略が現況の日本の出版業危機に立ち向かえるかは、令和以前と異なり困難な測面が多くある。なかでも、世界的に稀な存在の日本独自の「出版取次（通称・とりつぎ）」の苦境だ。すでに触れたが、出版社から仕入れた雑誌や書籍を全国の書店やコンビニエンスストアへ卸売りする「本の問屋」で、運搬・販売済みの代金回収など業務は多岐を極める。

困難は過去にも時代に沿って数多く立ちふさがった。数えたらきりがない。それが「現実」と納得するかしないかは個人の違いだ。

それでも最大の原因は、読者（利用者）が多用するインターネット書店拡大やスマートフォンの利用である。これまでにも広告規制、正規版サイト新興、ダウンロード違法化、フィルタリング等々が政府の有識者会議で検討されたが、最大の問題点は、ネット上の通信をプロバイダーが監視してアクセス先への接続を偽装して遮断する行為の「ブロッキング」がある。

ただ、これには人権侵害に当たるので違憲審査基準が適用されるとの憲法上の問題点が立ちはだかる。電子版サービスを持ち得ない出版業界を指弾する声も絶えないので、出版社側も「サイトブロッキング」と呼ぶ「接続遮断」を行うものの、多くのサイトが海外に本拠を持つ現状で徹底追及も困難となっている。

俺が、近年ベストセラーを出せない竹書房の幹部に口を酸っぱくして繰り返したのは、時代の空気に突込む「やってやるの精神」を忘れるなという基本だ。時代の潮流に取り残された者が「取り残される（敗北する意味）」との考えだ。

傍観者になる危険性を高橋は身をもって経験するので、こうした聴きようによっては「前時代的（昭和的）な精神論」を敢えて口にすると判断してしまう。それで訊き返した。

「今の考え方で竹書房の現況を招いた点もある」。

高橋自身に責任はないのか。

俺の責任論云々の前に言いたいことがある。

責めているのではない。限界を迎える「高橋戦術（商法）」とは異なる新戦略が喫緊の仕事ではなかったかと、気色ばむ高橋に筆者は言いたかったので、このことはなにも竹書房に限定できないが、との前提だと述べ、出版業界全体の問題点として筆者は反論した。

ここでは俺の問題として答える。一部の（竹書房の）社員はギャグアニメの電子化で才能を見せたが後はダメだ。俺がこれまでの経験を竹書房のために無駄にしたくないと、より一層強く思った先の「不当解任」だ。

昨今、書店でのマンガ本の売れ行きが低迷する。そこで「マンガの立ち読みを歓迎する」という書店が増えたという。１９９０年代から書店が多く用いた立ち読み防止のフィルムカバーを外したのは小学館

（「闇金ウシジマくん」「空母いぶき」「コーヒー＆バニラ」など）。女性・少女マンガ分野でこの試みにより約20％売り上げが伸びた。令和元年（2019年）の紙のマンガ本（コミックス）の販売額は前年比3〜4％の増という（出版科学研究所調べ）。

少年・青年誌分野には具体的なデータは少ないようだが、講談社も検討し、集英社は書店に任せるスタンスだ。問題点はあるにしても、マンガとの接点を多くしたいとの出版社の意向が慌しく反映する昨今だ。

不本意な「最後の出勤日」

本著の取材最終日、高橋の話柄はこちらの質問事項を無視して進んだ。

それにしても、「あの日」の屈辱には腹が立つ。俺の建てた（少し言い過ぎに感じたが黙って聴いた）竹書房のビルへ立ち入り禁止とは、腹が立ったぞ。

話題はふたたび、「あの日」へと話が押し戻される。七転八倒の人生にも「逃げなかった男」にとっての唯一の無念と語るので聞くことにする。

「あの日」を思い返すと怒りとともに哀しくもなる。この四五年間の年月は決して軽くはない。出版企画を俺だけが理解しても仕方がないことなのに、消極姿勢を改めない幹部連中には納得できない。失敗を先に思ってというか、ビビッて(気後れして)行動に出ない。正直に言えば、前へ出られない。

結果を恐れては前を向けない。2018年W杯ロシア大会で決勝トーナメントに進出した日本サッカーチームの、かつての弱点に似ている。安全を選択するあまりに横やバックへのパス回しを優先する闘い方だ。日本人の国民性から自ら出て危機を脱しようとしない。結果が怖いのではなくて、前へ出る勇気を単身で背負うのを忌避する性向だ。

「逃げない流儀」の本質

「結果の失敗を恐れるな。失敗から逃げず学べ」。この生き方が俺の信じる「逃げない流儀」の本質だ。ある時期、俺も挫けそうになったこともあったが、人間は問題から逃げても結局は追い込まれると知った。ならば多少の危険を背負っても正面からぶつかり扉をこじ開ける行動を選択し、貴重な経験をした。

個人より団体を優先する。それも悪くはない。だから高橋のようにある種、唯我独尊のような「生き方」が批評のターゲットになる。そのことも承知で突っ走ってきたと高橋は主張する。生きてきて最大の辱《はずかし》めを浴びたこともくぐもった声音に、高橋の積年の思いが籠っているように聴いた。

それで筆者は、例の「株主総会」の日を指すのかと訊いた。


否、違う。その翌週、俺が会社へ出勤した「日」の顛末《てんまつ》を打ち明ける。

俺にとって「人生最大の屈辱の日」だ。


憮然とする高橋の話は意外な方向へ運ばれる。

数秒の沈黙後、話の内容をまとめた高橋は苦い表情で話し始めた。


俺はいつものようにＪＲ飯田橋駅から本社ビルへ向かった。すると妙なことに会社のビルの入り口に二人のガードマン（警備員）が立っている。いままでガードマンがいることなどなかったのにと思ったが、構わず本社ビルへ入ろうとする俺を彼らは両脇を固めて入れようとしない。当然揉み合いになった。

「何だ、俺は高橋だ。ここ（竹書房ビル）に用事がある。入れろ」

俺は思わず怒鳴ったが心は折れそうだった。場所選びから土地の契約、建築の指示、裏地の買収の全てを俺は差配した。実はこの本社ビルを建てる融資の担保に俺の住まい（東京・三鷹）を抵当に入れたこともあった、と惨めな気分に襲われたからだ。

「申し訳ありませんが」と告げるガードマン二人を引き連れる格好で、俺は強引にエレベーターに乗りこんだ。ガードマンは両脇からピッタリ離れなかった。

解任が不承知とはいえ、本社ビルへ入ろうとした理由は何か。四五年間勤めた本社ビルに対する惜別の念というには感傷的すぎる。両脇を罪人のように拘束されての格好は、よくよくのことだ。

俺を竹書房から追い出した連中と最後の話を付けたいと思った。ヤツらが陰険にも取引先に、「俺が自分から辞めた」、と触れ回って連絡をしているのを知り、余計に腹が煮えくり返ったからだ……。

語り部高橋の顔面が憤怒にまみれて蒼白になり、一瞬、絶句する。

その怒りが筆者に伝染したように取材場の空気が一変した。

事実は全く逆だ。俺が竹書房を見限るように「自分から辞める」わけがない。これだけははっきり書いてくれ（激する高橋）。

「会長は満期で自分から社を辞めた」と後藤らが触れ回っているのは真っ赤な嘘だ。会社をここまで築いてきて、自分から辞めるわけがないだろうに（表情は厳しくなる）。二の句が告げなかった。辞めたわけじゃない。俺にしてみれば、出版人として、また経営者としての誇りを汚された無念は収めようがない。その意地が俺を会社へ向かわせた。

現社長らには会えたのか？ おそらくこれまでの経緯を察するに、「会う約束」はなかったろう。それでも出向かざるを得ない高橋の一徹な行動だったのか。

後藤らとは雲隠れして会えなかった。逃げない流儀の俺にしてみればお笑い草だ。所詮は肝っ玉が小さいと思った。正当な腹積もりができていれば堂々と顔を見せればいい。それなのに逃げるような真似をして姿を消したのは、自分らを弱気にする「何か」があったにちがいない。俺がそう睨んだ何かとは、「解任の正当な理由付け」だ。

高橋は一服吸って、これまで見せなかった自らの高まりを抑え込み、コーヒーで一息入れ、それから先を急ぐように告白した。

会社に出勤した最後の日の屈辱を俺は忘れない。株式総会で「俺が自分から辞めたい」と言ったというのは、仕事の関係先で放言した後藤らの言動で、まったくの虚偽だ。俺にはまだ幾つもやりたい企画が残っている。

仕事への執念は心意気

このやる気があるうちは出版の仕事から手を引く気はない。出版という仕事は白紙に印字して商売が成り立つ。言ってみれば、宝探し。もっと言えば、俺自身にとっての「自分探しの旅」でもある。

「自分探しの旅」とは、ずいぶん昭和メトロの匂いがしないでもないが、熱血漢の高橋のたぎる血は衰えるどころか燃え盛る（これも昭和時代の表現か）ように迫ってきた。高橋は現在、世の中を驚かせる出版を考えていると明かしたからだ。「自分の夢」を実現する心情で、これまでも「企画（仕事）」の発信と差配をしてきたとの発言が後に続く。先に道が見えるかぎりは前へ進む。そうした発信力と活動力が高橋の出版人生を支えてきたと繰り返す。

伊藤信（前出）の証言

この発言を裏付ける伊藤信（元大日本印刷営業部長）の証言を得た。

「彼（高橋）が竹書房に在籍する体制なら私は全面的に支援したい、とずっと思っていました。今でも変わりはありません。私には彼に対する信頼しかないので。何十年間、彼は一度も仕事で裏切ったことがない。少なくとも私との（昭和五四年～平成十二年・大日本印刷時代）仕事では一度もなかった。ときには愛のムチを揮《ふる》って時代を常に一歩先んずる仕事の先駆者と見ていたので、今でも私はできるかぎりの協力はしたいと考えています」。そして、伊藤はこのように言い切る。

「私は最後まで、出版人一平シンパです」

「一平シンパ」って言ってくれるのは有り難い。かつて仕事をした知人の証言は嬉しい。俺が今までやってきた「仕事のやり方」が間違っていなかったという意味で有り難いと思う。俺の今までの仕事が認められるに等しいからな。果たした仕事は当人を裏切らない姿勢のことだ。俺にとっての出版の仕事は「俺の生き方」を反映しているから、俺という人間の存在を認めてくれた、との意味で認可を得たと素直に思う。

シンパは「労働運動の同情者・共鳴者のシンパサイダー」の意なのは、広く知られる。

生身の人間だからいろいろあった。やり過ぎての失策もあったし後悔もいっぱいしたし、無念の思いや悔しさも経験した。だからこそ、「外部の共鳴者」の言葉は素直に受け入れたいと思う。嬉しい。ここまで突っ走ってやってこられたのは理解ある彼らの手助けと、ウチ（竹書房）の存在と社員たちの手助けがあってのことと感謝する気持ちに嘘はない。

七章　伝言・これだけは言いたい、若者と出版界

私立白梅学園大学にて講演

女子大学での「講演録」

高橋一平は社長時代に女子大学へ招かれて講演をした記録がある。演題は「女性と職業」。場所は私立白梅学園大学。小平市（東京）にある同大学は、当初は東京家庭学園の名称で設立され（東京・文京区）、幅広い視点で子どもと人間を理解する教育を行う。

この講演での高橋は百人を超える女学生が社会に進出する際に大切な心構えや必要な覚悟、人生の歩み方などジョークを交えて一時間余語った。

「会話で大事なのは相手の眼を見て話すこと。笑顔を忘れないこと。千年の恋だと思って真剣に向き合うこと。生きる上で基本的に大切なのは相手を信じること。眼を世界に向ければ自分の世界観が広がる」等々、楽しく真剣に喋らせてもらった。好きな言葉は「夢」。夢は人生の扉を開く。若い人には「自分の夢を持った生き方」をしてもらいたいと訴えた。

この時の講演を聴いた女子大生が「感想」を記している。白通を超える「印象記」の何通（匿名）かを筆者の独断で紹介する。

＊人生の生き方について。

人生で何が大切かを具体的な事例を提示して俺は喋った。笑顔を忘れず、明るく振る舞う姿勢が大事と語り続けた。


「仕事をしていくうえで、その仕事が好きだということはとても大切だと教えられました」

「いつも背筋を伸ばしニコニコしていること、人に優しくすることが、人生で大切だということが分かりました」

「自分、両親、周りの人の全てを大事に思い、接していけば人生そのものが良い方向へ進んで行くのだと学びました」

「基本的なこと、例えば礼儀とかが人間関係に大事と教わりました」他。

＊「千年の恋」について。

短絡的な恋に走る後の空しさを知り、自分の与えられた人生のなかでの「恋」はどれも大事と語り、「豊かな千年の恋」と題して話した。

「暴力男、嘘つきな男とは結婚しません。恋愛小説をたくさん読んで、たくさん泣いて、キレイな女性になりたいです」

「お話して下さった一言、一言が今の自分、これからの自分にとてもためになるお話をして頂きました。とくに『千年の恋』については感動しました」

「やっぱり結婚するときはカッコ良さだと思うけど、暴力と嘘つきの人は止めようと思いました」

「『千年の恋』で巡り会って幸せになるためには、両親を大切にして自分の子どもを産み、自分が生まれ変われるようにしたいと教えてもらい、考えが変わりました」

「『千年の恋』の話を聴いてすごく感動しました。両親、自分、自分の子ども、周りの人を大切にしようと思います」

「女性が幸せになれる方法が知れてよかった」他。

＊仕事について。

社会に出るという意味は自分が試されていると覚悟を決めること。仕事は責任を背負うことで自分と向《む》きあえ両立する。それが肝心と繰り返した。

「自分が好きな仕事っていうのは苦にならないとのことで、楽しいことだと思いつきました」

「自分の本当に好きな職業に就くことの素晴らしさを、改めて感じました。わたしも真剣に探します」

「仕事は生きるという基本的なことであって、大切なことと教わった」

「初めに年間百五十億の売り上げと聞いて驚き、そんな会社の社長さんの話を聞くことができて、とても良かったです。真剣に聞きました」

「おえらいさんが毎朝、電車で通っていると聞いてビックリしました」

「勉強することを目的とするのではなく、勉強したうえで何をするかが大事と学んだ」

「相手に用事を本当に伝えられるように工夫したいです。その姿勢が将来に役立つと教えられました」

「生き方で忘れかけていたこともあったので聴いてよかったです」

「普段聴けないような話を聞けて楽しかった。こういう内容なら何度でも聞きたい」

「自分の知らないことを話してもらい面白かった」他。

＊高橋一平について。

自分の生き方を恥じるな。自分はこの世でひとりなのだから責任と義務がある。それを背負って「出版業」に精を出す人生を明かした。

「竹書房の取締役社長高橋一平のなんともユニークな講義が聴けて良かったです。またこのような講義があったら参加したいです」

「憧れのニューヨークに行き、それに見聞を広げようと世界中を行くのだなと思った」

「世界を飛び回って仕事をしているのは素敵です」

「社長の会話術が楽しかった(笑)」

「高橋さんおもしろかったです。良い上司に出会えるとイイなぁと思いました」

「すごく人柄がいいのがにじみ出ていました。参考になります。本当!!」

「ゆっくりと様々な話がユーモアを交えて聴けて楽しかった」

「本当に出版の仕事が好きだと伝わってきました」他。

＊出版社竹書房について。

読者が何を、どんなふうに読みたいか、見たいかを常に考えるのが「出版社」の使命。竹書房はその方針で頑張っていると打ち明けた。


「私の知っている本とか出版していて(竹書房は)すごいと思いました」

「聞いたことがある有名な本をたくさん出版されているということを知って、とても参考になり、今度、本屋(書店・筆者注)へ行く時に見てみようと思いました」

「出版の仕事にすこし興味が湧きました」
「私の知っている本とかコミックも出版していると聞いて感心しました」
「たくさん参考になり、タメになることをメモしました。ありがとうございました」他。

以上が筆者の大雑把な選択だが好評な感想が多かった。社会に出てからの仕事と恋愛論（「千年の恋」）に関する意見が多数を占めたのは、講演の主題が「女性と職業」だった影響だろうか。そうした感想のなかで、「演歌が好きなようだが、現代の曲もステキなモノがある」といった若い世代らしい実直な感想も少数散見したのを付言しておく。

筆者が特に印象に残った感想は、「今度、本屋（書店）へ行く時に見てみよう」という意見だ。若者を書店へ足を運ばせる企画が出版社の大事な使命に思うからだ。

女学生の感想のなかで、「高橋一平」の生き方に共感する意見が少なくなかった。高橋の飾らない率直な物言いでの「人生観」が、若い世代（学生）に受け入れられたのだろう。

見果てぬ出版市場を探す旅人生

ところで出版社勤務を経て文筆生活に入った筆者に気になる発表があった。前述した全国大学生協連合会の調査結果（2018年2月）である。「要は、本を読まなくなったのはあらゆる世代に通底している」との報道だ。

こうした事実を踏まえると、若い世代との交流は高橋には有意義だったにちがいない。それを前提に質問をした。竹書房にもたくさんの社員（約80名）が在籍している。彼らの未来をどのように見ているのか。

むろん、気になる（一瞬、口を閉ざす）。正直に言うと彼らがかわいそうに思う。組織のリーダーとは企画力、人望、求心力が大事だ。俺はずっとそれを金科玉条のように守った。ワンマンだから遂行できたと言われるが、だからといってなにも結果を出せないとなれば、「失格」を言い渡される危機感を抱いていつも覚悟して臨んだ。

組織は全員で動くが、動かす人間は少ないほうが成功するというのがこれまでの「組織運営の方法論」だった。実行が成果を生み、人望を生む。それがこれまでの「高橋一平流経営法」だが、高橋商法の限界も見えてくる。

「委託販売制度」の書籍は売れ残っても書店から出版社へ返品できるが、近年の成功例は、版元が詳細に見定めて数万部単位の増し刷りで出版部数の9割を売り切る商品分析システム「プロフェシア」（小学館が導入）の販売手法がベストセラーを生む。「九十歳。何がめでたい」（佐藤愛子・小学館）「漫画　君たちはどう生きるか」（漫画・羽賀翔一・マガジンハウス）は、内容とともに「時代に即した売り方」（販売方法）だ。

時代の新しい市場はなにか。「思いつかないことがないか」、「着手してないことがないか」。それらを考えながら販売法を工夫するのはいつの世も当然だ。

格好つけではなくて、「人間の能力」に限界はないと信じる俺に嘘はないし、その指向性を信じる。というのも、自分のなかにまだ眠っているかもしれない「幻の市場」を探し続ける可能性についてだ。これを「俺の宝探し」にと思うようになった。それは俺の、あるいは若い人間（編集者）の能力を信じたいと決めたときだった。真面目な話、「俺の宝探し」はそれから終わっていない。

若い社員たちへ

「企画」を幻のままにして諦めてしまうと明日は見えてこない。常に「茨《いばら》の道」を選んできた高橋の思いは、結局は元の場所（出版社）にいる「若い才能」に向けられる。同感である。とは言え、高橋一人では限界があったはず。その点について正直な心境を取材の最終に訊いた。

質問の意味は分かっている。実は、先にも言ったが、最後に会社へ出向いた目的は幹部連中に会うためだけじゃない。編集をやっている各フロアを回って、彼らに挨拶をしておきたいとの気持ちが強かった。

話が深刻になりかけたので、突っ込みを入れてみたくなり、「社内ビンタ」のお見舞いだったのかと訊いた。彼らを励ます方法はそれしかないと。例の「株主総会」の内実を社員に明かしても詮ないと思ってのことかと。

いくら何でもビンタをやる気はなかった(苦笑)。ただ、あいつらの顔だけは見ておきたかった。頑張っている社内の編集者も目に付いていた。

「都市伝説」シリーズ(関暁夫著)、「ポプテピピック」(原作・大川ぶくぶ)、「ラーメン大好き小泉さん」(原案・鳴見なる)等は作家と編集者のコラボレーションで実績を上げてきた。ウチの社の特徴を活かせろが俺の持論だったが、その成果の成就だと思い、正直嬉しかった。

ギャグアニメの4コマ・マンガ「ポプテピピック」はTV放映で、SNS全盛時代を駆け抜ける革命的なアニメと評判を得た。常識を引っくり返す「ポプ子とピピ美」のキャラクターには、「SNS特化アニメ」として注目を浴びる。

「都市伝説」は巻数を増やし、「ラーメン大好き小泉さん」の新感覚派の展開が新しい読者市場を開拓する。先日、拙宅に遊びに来た親戚の男子中学生と女子高校生は「ポプテピピック」を筆者が口にすると喚声を上げたので、彼ら世代に絶大な人気があるのを実感した。

これらの企画は若い世代の社員がアイデアを出した。頼もしかったし、俺のやる気に火を付けてくれた。出版の可能性の道筋を暗示してくれたからな。まだまだ捨てたモノじゃないと。

紙媒体に期待する理由

俺は声を高くしたい。歴史を見ても絶対に「紙媒体」は無くならない。無くしてはいけないのだ。他の媒体との合同作業は必要だが時代は動く。人の生きる価値の文化は絶滅しない。それを信じないでは何もできない。人間が生き残る限りと言い換えても構わないし、文化の先端の一翼に出版物があって欲しいと願う気持ちは変わらない。

例えば「映画」である。初期は無声、やがてトーキー、モノクロ、カラー化、音響のステレオ化、拡大画面と進歩が著しい。対して紙媒体は子ども絵本の立体化、カラー写真での構成、生活感覚に即した判型が活字での応用だ。

筆者は世代感覚のせいか、カット(画面)をスクロールする電子書籍よりも、「紙のマンガ単行本」を手にしたい。ページを捲る指の感触が次なるストーリーへ誘う、あの未知な感覚のワクワク感が忘れられないからだが、時代の潮流は確実に漫画の電子書籍へと向かう。2019年の電子コミックスの販売額も前年比を約2割伸びているのも事実だ（出版科学研究所調べ）。

それに関してはこう考える。急速度で動く時代に適応できるかどうかは各主題について世代感性を綿密に分別し、実践可能に努めることだ。

要は、時代の今にビビらず市場になくて、読者（市場）が欲している出版物を掘り起こせだ。

最近の若い世代の多くはスマートフォンで電子コミックを目にする。第一に電子書籍とさえ思わず、書籍の形態に囚われる出版社は対応に苦慮する。技術が進化するコンピューターによる機械学習などを漫画のストーリーに利用する動きは集英社などで進む。要するに電子テクニックで漫画はさらに進化すると読めるからだ。

スピンオフ作品もある。本編の個性的な脇役や敵役がストーリーの主人公になる作品が新しい突破口になりつつあるのも、そうした読者傾向を表すと俺は判断する。

ただ、これも原作のテーマ性を壊すとしてこれまでタブー視されたのだが、副次的、あるいは二次的な創作の新しい文化の誕生はオリジナル作品の限界を示していると思う。俺の論理としては、あくまで原作のキャラクター（主人公）が中央にいて、ストーリーが縦横に展開するというのが本筋でなければならない。

平成二九（２０１７）年の映画興行収入でもそうした傾向は顕著である。邦画ベスト５の内訳では、１位・「名探偵コナン から紅の恋歌」・68億９千万円、２位・「映画ドラえもん のび太の南極カチコチ大冒険」・44億３千万円、４位・「劇場版ポケットモンスター キミにきめた！」・35億５千万円のコミック三作品が占める現象は、今後の趨勢を的確に暗示する。平成三十（２０１８）年は邦画映画興行収入の２位・「名探偵コナン ゼロの執行人」・91億８千万円、３位・「ドラえもん のび太の宝島」・53億７千万円で映画興行収入は２２２５億１１００万円（日本映画製作者連盟発表）。

最近、出版社サイドは「放送・映画・音楽・マンガ・アニメ・ゲームなどの知的生産物に関し、その制作・管理・提供のビジネス（コンテンツビジネス）へ、経営の核を電子書籍と合わせシフトして生き残りを競う。

時代に即する動きは情報業種の出版社にとって重要なのは当然だ。俺は早い時期から、海外文庫やＤＶＤの活用を社の業務に取り込んだ。自慢ではないがコミック分野での竹書房の先見性を忘れてもらっては困る。

実績から勘案すればなるほどコミックが８割を占める電子出版市場の売り上げは電子出版（２０１８年・２４７９億円・前年比11・９％増）とは言うものの、漫画雑誌の現実は絶頂期（１９９５年）に13億４３００万部

（推定販売部数）が、２０１７年には２億６５９８万部。紙の書籍・雑誌の推定販売額は１兆２９２１億円（２０１８年）（以上、出版科学研究所調べ）となる。２０１９年の紙のコミックスの販売額は前年比（２０１８年）３～４％増。アニメ化で大ブームを呼ぶ「鬼滅の刃」などのブレイクした「週刊少年ジャンプ」（集英社）が市場を席巻、「五等分の花嫁」（週刊少年マガジン・講談社）が部数を伸ばした。

現役社員（竹書房）の証言

筆者は執筆直近に、竹書房の現役社員（編集部所属）に竹書房社内の近況を問うた。彼は匿名を条件に社内事情を語った。

「最近の我が社は電子コミックを核にアニメ特化にシフトしました。後藤社長の路線を推進する方針を主力としたからです。前会長（高橋）の路線とは明らかに違っています」

高橋（前会長）の動静は社員にどのように伝わっているのかを質問した。

「会社的に社員に詳細な説明はありませんが、役員会（例の株主総会を指す・筆者注）で解任されて『退職』が決まったらしいというだけで。ということは、前会長は自分から辞めたのではないと社員は感じています。前会長がいなくなっても会社は存続するので自分たちはできることを地道にやるだけです。それが前会長への恩義だと思っていますが、前会長のキャラは痛烈でしたし、その個性が竹書房の『顔』だった時期が輝いていたのも事実です」

俺にとっての会社は俺だけのモノとはこれっぽっちも考えたことはない。社員がいて、そして読者がいると常に心にとめていた。

出版社勤務の経験がある筆者は、「社の顔」が必要かどうかには疑念を持つ考え方だ。その理由は出版社としての「理念」をリードする役目ではあっても、具体的な企画の実践は「社員(編集者)」と思っている。例えば、雑誌の場合は発行する社の理念を踏み外すことなく、「現場の責任者」、すなわち、その任を背負う「編集長」が担《にな》うべきとの思考だ。

最後の出勤日の福音

インタビューの終幕になって、「これだけは話しておきたい」と高橋が口火を切った。

俺はあの(最終出勤)日、本心としては社員の顔を見るだけでよかった。ガードマン(警備員)に妨害されてそれが思ったようにできなかったのは、幹部連中の指示だろう。彼らの底意地が悔しい。心残りはそれに尽きる。

その日、俺は「社員の顔」を見ておくだけでいい、もういまさら、幹部の顔を見ても仕方ないとも思っ

てはいた。頑張る社員の顔は見ておきたいと決めていた。未練に聞こえるかもしれないが、それが本音だ。ところがガードマン（警備員）は俺を三階の会長室まで連れて行き、そこから社内へ出るのを妨害した。

「アホ、そこを退け」

言い合いになったが馬鹿らしく思い、早々に部屋の片づけを始めたとき、会長室の扉を叩く音がしたんだ。


騒ぎを聞いて、もしや、それが現在の社長たちだったとか。まさかそんなＴＶドラマみたいな展開になったのか、もしやと先を待つと現実はもっと違う場面が生じていた。


俺を裏切った連中にそんな度胸はないとは予感していた。案の定、顔を見せたのは数人の社員たちだ。俺が出社したのを聞きつけて各階の編集部から挨拶に来たという。

「なぜ、辞めるのです」「自分らは反対です」

納得しない社員たちを見つめ、俺は言葉を絞り出した。

「お前たち、がんばれよ。俺もまだやる」

言葉はそれ以上、不要だった。

そのとき彼らの顔を一人一人見て、その印象を一生、胸に止めておきたいと思った。

妻・喜代子の証言

「滅多にないことでしたが、株主総会から帰ってきたときは、どこか寂しそうでした。そうした顔は今まで家族に絶対に見せませんでしたから。でも、最後に出社した帰りにはエネルギーみたいなものが全身から感じられました。この人はほんとうに仕事が好きなのだと改めて思いました」

俺にはやり遂げたい企画がある。仕上げたい企画が残っているので、その実現を目指すのは今も変わらない。やってみなければ「結果」は出ないのだからと思い続けている。正直、実現できるかどうかはわからないが、やるだけのことはやる。

ところが、残酷な現実の報告も耳にする。「書店ゼロの街が2割超」である。「2割超」との具体的内容は、全国420以上の自治体・行政区の地域に書店が一軒もない（2018年現在）という現実だ。現状はさらに厳しいかもしれない。インターネット販売が急速に普及したとしても、この報告は由々しき現場状況の危機感を伴い襲ってくる。

むろんその事実は知っているし、憂慮もする。しかし根本は出版物の内容の是非に掛かっている。努力をしない者は淘汰されると胆に銘じることに変わりはない。

自分を否定されたように気色ばむ高橋には今後、時間が許すなら町の書店を巡ってほしいと筆者は伝えた。例えば大型書店にとっての書籍は点数や売り上げが重点だと聞くが、地域の書店は人の出会いの場だ。「人は本を作り、本は人を作る（韓国最大の書店・教保文庫創業者）」という言葉もある。ならば書籍を店頭で飾る書店こそ、人の思想の集積場と考える。人が知りたい日常のことや生きるうえでの指針を提供する場が街の書店である。付言して、高橋には中小書店の現状を見定めてもらいたいと。

同感だ。俺も健康な限りは努めたい。

９年前から筆者が住む界隈（東京・杉並区のＪＲ西荻窪駅から徒歩十分圏内）の書店は知る限りで四軒（以前は約十軒）営業していたが、現在は駅近くに一軒のみ（今野書店）。自宅から気軽に行ける場所に「書店があったほうがよい」と答えた人は82％であるという（読売新聞２０１９・10・27付）。

情報に由れば、この国の書店はさらに、最新調査（２０１９年5月・出版社アルメディア調べ）では、１１４４６軒で前年より５８０軒の減である。

街の書店は知らぬ人間同士の無言の対話が巻き起こす知的欲望が交錯する「空間」なのだと思う。紙の活字は「ことば」を用立て、それが人も社会も機能させている。学び、繋がる根本に「書籍・雑誌」があると信じる。「客と会話し、関係を作っているお店が元気なのだ。書店は社会の窓」（作家・長岡義幸・「本を売るという仕事」）。

筆者もこの見方に頷く。

俺の営業の原点は書店廻りだった。書店主・書店員との何気ない会話の経験がヒントになり俺を導いてきた。売れ行き好調の書籍・雑誌を知り、その対策を書店主・書店員の声を現場報告として胸に刻んだ。当時の辛苦の経験は俺にとっての「宝典」だ。

図書館には定年後の人たちが多く通っているし、書店は、目的別の書物をそろえて地域の愛読者に提供するなどの経営努力をする。多難な書店経営に立ち向かう厳しさはあるかも知れないが、多世代の人の集まりと豊穣な知識提供の森となる書店が、その地域のその場所にあることが肝心と思うし、忘れてはならない。「本屋はエロスに満ちた空間」と語るのは、スペインの作家・評論家のホルヘ・カリオンだ。「本屋は存在そのものが過激な対話の場だ。本を求める人の欲望が空間を支配している」（読売新聞・2019年7月2日付）。昨今の出版状況と関係があるのか、出版社と比較的に小規模の書店や書店員との関わり具合が密接になりつつあるという。理由の一つは、「書店員が自分の売りたい書籍を売りたいといった傾向が増えている」と聞いた。出版流通の脆弱な現実を重ね合わせると問題は深刻だが、この傾向は出版の新たな曙光の兆しと見たとしても不都合ではない気がする。

これから取り組む「壮大な企画」

先に触れたように高橋は次に向かう仕事の按配を胸に秘める。そうした前向きな姿勢の高橋に、筆者は良くも悪くも「過去に縛られない」、あるいは「過去に囚《とら》われない」といった心象を受ける。たとえ失敗した過去でも学べることがあるとの視点だ。

一例だが、「台湾故宮の宝物写真集」を目指す。まだ胸に描いている段階だが下調べは行っている。故宮には約41000点の「神品至宝」があるが、(許される限り)撮影して豪華装丁の写真集を世界で初めて実現する。

高橋は大真面目だ。「出版人・高橋一平」なら考えそうな企画とも思える。台湾故宮とは、正式には「国立故宮博物院」が正式名称で、長い歴史に翻弄された「宝物」を保存展示する。中国歴代の皇帝が代々収集した歴史的価値のある文芸・美術工芸をコレクションする。

具体的な行動プランはマル秘だが、俺の目算ではカメラマンを順次派遣して、約3年間を要して撮影を行う。製作費は概算段階だが、ある程度の予算組みは出来ている。

高橋の口調は常のように「夢を語る」ときの熱を帯びて一歩先の己の方向を示唆《しさ》する。出来るかできないかではなく、見つめる先に導かれるように。そして歩みを止められないかのように。だがそれだけの大雑把で実現可能なのかの疑念は付きまとうのだが。

実は現実に動こうと考えている。第一歩は国内の超一流企業（B社やT社など具体的名）へ話を持ち込む。企画の趣旨が「世界初」という観点と、「世界最大の至宝」という二点を論点に集約する。この内容が超一流企業の「企業イメージ向上」に貢献するに相応しいと考えて、利点を主張する。台湾側との交渉はこれからだ。実現するにしろしないにしろ、最初の日本人として動く価値があると考えれば夢が膨らむ。

生き甲斐は「夢を持つ力」

「夢」となるのか。筆者は高橋のむろん、敵でもない中立の立場だ。それでも具体的な実現に関しては「分からない」と高橋が言葉を濁すのは、突破口から「逃げ道」を作っていないか質した。

俺の壮大な企画に危惧を持つのは勝手だが過去に誰も実践しなかった計画が俺を動かす原動力になる。事実はまだそれだけだが、具体的な内容も知らないで「実現云々」は失礼じゃないか。俺は質問をされたので正直に答えた。それだけだ。

やってみなければ分からない企画を、「夢」というニュアンスでオブラートして、「退屈よりも大失敗を選ぶ」（デザイナーのココ・シャネル）か。ただ、失敗を恐れていては何も始まらないのも事実だろう。「叶えられるのが夢、叶えられないのが妄想」とも言う。

残りの人生に「夢」を懸けても遣り甲斐があると信じるからこそ、こうした企画が俺を揺り起こす。ロマンチストなんて言われようが、それが自分の習性と思っていることに嘘はない。「夢の実現」が俺を突き動かす。それしか言いようがない。

高橋の「夢の本質」は「過去の成功事例」が礎《いしずえ》になっている。それがなければ「単なる法螺吹き」となると自身が認識するうえでの、「俺の夢」と言い切る。妄想家ではなく、実行者になりたいと。しかし、「（高橋の業績は）昭和、そして平成という時代だったから成し遂げられた」との批判がないわけではない。

時代が変わって「令和」になっても言いたいヤツには言わせておけだ。俺は自分が信じる道を自分のやり方で進めてきただけ。これからも同じ。何もしない者に限って「口《くち》」だけは達者だ。

高橋の言い分を、同時代を生きた人間への「発破」と聞けば頷ける部分はある。だが反面、その心理の裏面に表面化させない「苦渋」もあったと推測する筆者は、「己を変えて失敗をするのを怖がる自分」に抗う性向が強いとも判断する。理屈っぽい言い方になるが、圧倒的に「臆病」でもあるのだ。臆病ゆえに次の一歩を踏み出さざるを得ないのだと。その根幹が高橋の「逃げない生き方」を造形していると判断する。

市場を驚かすのは本質的に好きな性分だが、故宮の企画は俺の「やり残した仕事」だと思う。だからそんな自分に真正面から向き合いたいと決めた。正しい情報伝達が出版業の本質としたら、それは同時に「読者」の意識を変える道筋になる。その根本を信じたい。

小説の一文が高橋の言質に重なる。「夢なんて簡単に叶うものじゃない。だが、望まない限り叶わないというのも事実だ。いろいろな人の夢の総和が未来なんじゃないか」（「隠蔽捜査7・棲月」より／今野敏・新潮社）。

俺がいつも口にする「夢を持つ」という聴きようによっては、個人が都合よく中途半端に聞き流せる言葉の意味合い（ニュアンス）にも解釈できるが、夢が実現するかしないかも大事で、最後は人間の生き方が問われる意味を含むと突き詰めれば分かる。つまり、人がどう生きるかだ。極論すれば、「夢追い人間」でも構わない。俺にとっては、「夢の実現」が生き甲斐なのだ。

「夢」の到達点が俺の人生の終着かもしれないが、たとえそこまで到着しなくても、人生が続くかぎりは「夢」を持って生きる。生き抜きたい。貫きたい。それが信念になる。現在の竹書房の体制が社員のフレックス制（自己確認出勤制）を取り入れたにしても、肝心の「企画の夢の実現」がなくて何の未来がある。

社内「発破」の真意

高橋の出版への情熱は尽きることがない（ようだ）。その口調に、「金はうれしく、銀はくやしく、銅はほっとする」と語った長野五輪金メダリスト清水宏保の言葉がダブる。高橋にとっては、「金」しか目指すものはないとはいうものの、「朗報もある」と伝えると高橋の視線が、一段と光りを帯びた。

なんだ？

朝日新聞（2018・7・14付）のアンケート（回答者数1679人）によると、「本（マンガ単行本やムック本を除外）を読むのが好き」との回答が88％で、理由は、「知識や情報が得られる」「楽しく、おもしろい」「想像力、空想力」「感性を豊かにできる」が上位。裏を返せば、「内容の質」にこだわればとの方向性に可能性が見える。

ずっと、「企画の意図」が、その時代の空気の流れに合っているかを重要視してきた。端的には、市場が何を欲しがっているのか（読みたいと望んでいるのか・筆者の意訳）を見極めるかに、出版社の存亡はかかっている。俺にも目算が狂っての失敗はある。だからと言って後ろ向きになっていては始まらないと、後退現象を恐れる社員には発破をかけつづけた。

独自の視点で歴史を育んできた月刊誌が、最近は「ネットでの意見」を誌面に特集する記述が目立つ。多様性の掬い上げと編集部は応えるが、手軽な路線の選択にも映るが、どうか。

だからこそ若者は洋を問わず古典を読んでほしい。文字の中に未知の世界が埋まっている。志賀直哉「暗夜行路」、川端康成「雪国」、太宰治「走れメロス」、とくにスタインペックの「老人と海」は胸を躍《おど》らせて読んだ。

ネット時代と言っても、なんでもかんでもネット情報に頼る姿勢はむしろ危険だ。一時的な話題を求める読者の獲得はしっぺ返しを食らう。それも理解しての共存なら賛成だ。必要はナントカの母だ（大笑い）。

最後の質問。「カリスマ編集者」とは？

最終に辛辣な意味合いを含むと思いつつ揶揄的な質問を試みた。「カリスマ経営者（高橋一平）に長年依存するリスクはなかったのか」。筆者が理解する「カリスマ」とはある種、自己陶酔に拠る愚直な自己愛も含めて意味すると考える。

その意味合いは当たらずとも遠からずと言いたいが、出版業界の熾烈な現実を経験してきた俺はそんな意味合いは認めたくない。仕事は誰かが責任をもって先頭に立たなくては始まらない。竹書房ではその任を俺が担ってきた。

幾つかの疑問が筆者に浮かんだ。まずこの場合に「社内合意」は必要でなかったか。それさえ「認めない」との意味合いが含まれているとすれば逃げ口上に聴こえる。咄嗟に「もう少し具体的に」と問いただした。仮にそうだとすれば、竹書房が「高橋一平商店」と称された多くの責任は、「あなた（高橋一平）だ」との意味合いを胸に含んでだ。

俺は当人だぜ。今までそうした質問を俺に向かい直接に発した者はいない。しかし、今回はそちら（筆者）の意向に乗るか（やや当惑気味に告白する）。

俺にも苦渋の決断を下した瀬戸際は何度かあったが、誰にも相談はしなかった。自分の過去の体験を信じた結果だ。それらを乗り越えたからこそ今がある。すべてはその時の情勢結果を信じてだったと思っている。

「カリスマ」の表現は傍観者の印象に過ぎない、と高橋は一刀両断に斬り捨てる。自己弁護にも聴こえるが。その真意は何だったのか。

「カリスマ」などという形容は先頭に立たない、または立てない者の僻《ひが》みだ。他人より努力して、困難にも諦めず、成功を信じて死ぬ気に頑張って結果を残せば、「カリスマ」と呼ばれることなど屁でもない。

加えて、人を引っ張り、納得させる「人間力」が必要と筆者は考える。

「ところで」と話題を転じ、昨今、社長（会長）交代人事には各企業で派閥や人格で人間臭いドラマが起こる件について問《と》うた。

例えば、日本電産、積水ハウス（他の企業は略）等にそれぞれ交代劇（２０１８年）が繰り広げられた。なかでも際立つのは日本電産と積水ハウスだった。精密モーター大手の日本電産の場合は、創業以来四五年間会長兼社長が後継と自他ともに認める後継者に、「体力的にも役割分担が必要だと感じるようになった」と本心を告白する。

その心境はこの対論でも喋ったが俺にも分かる。
人間一人の限界という意味でだが。

一方、積水ハウスは、「会社を追放されたのは裏切り者のせいだ」と週刊誌（週刊文春２０１８年3月8日号・週刊現代同年3月31日号）に激白した。理由は、二十年間、社長（後に会長）に君臨した積水ハウスの前会長が取締役会の緊急動議で劣勢となり、「もう辞める」と自ら断を下したと記される。どちらも、経営政権が長すぎるとの声があり、カリスマ依存の弊害の声が上がる。

そうか（一瞬、沈黙）。だがそれと俺とは関係ない（憮然と口を閉じる）。

「対論打ち切り」の終了決定はあなた（高橋）にあるが、先日、こんな興味ある記事を読んだので聞いて欲しい、と伝える。

聴きたい。話してみてくれ。

平成十二（２０００）年以降の米国産業界では、業種の差異はあるが社長のカリスマ性（統率力）より、経営陣の「結束力維持」へと経営習慣がシフトし、後継者を「個人ではなく、チームで選ぶ」とする理念に移行しつつあるという内容だ。高橋のケースは積水ハウスの経路に似通るが、むろん内情は異なる。

俺のイチバンの後悔（決して、失敗、とは口にしない）は、読者市場の変化に対応できる後継者を育てなかったことだ。無念だが、結果として二度の後継社長の選出を誤った。それが今日の状況（業績低下）を招いた一因だ。

おそらくそうだ、と高橋の反論を期待して頷いた。高橋の最大の失策は「後継者を育てなかった」ことだったと。ならば、経営最高責任者の失敗だったのではないかと訊いた。

現実がそうなのだから否定はしない。出版業は分担制だし、その社長選択ですべてを解決しようとした時期の判断は認める。誰でも出来る任務とは思わないが、自分には彼らが対応する能力があると信じた。しかし、期待外れに終わった。それもこれも「株式会社竹書房」という会社のための現実を、「後継者育成失敗」と片づけられない無念さが、俺を苛立たせる。竹書房は株主の多くが同族だが、実地面では俺が先頭に立った。その点をどのように間違ったのかを自問するが、解答は一つしかない。功罪あっても俺は間違っていない。実地面で精いっぱい仕事をしてきたが経営面での後継者育成という「一事」に悔いが残る。

個人差はどうしても避けられない。その前提を考えれば「竹書房会長高橋一平」の行動は難事を完成するために最後に加える大切な仕上げを欠くが。

そこまで面と向かって言われたくはないがこれだけは言う。全身全霊で四五年間を走ってきた経験に悔いはない。だが、後継者育成の心残りは拭えない。それが正直な気持ちだ。

ここまでインタビューをしてきて、ならば、はっきり言う。実はその事実（後継者育成の失敗）が「高橋一平商店」と名指しされる「竹書房の現実」ではないのか。カリスマの存在は「新しい芽」を摘んではならないとの警告灯であった気がするし、同様に社内の誰もが何故に手を拱《こまね》いていたのかの疑念も残る公平に判断して人間関係が孕む社内事情という複雑怪奇な側面は否定できないが、それであっても高橋本人は過去の功績はいささかも揺るぎはないと譲らない。

オレ流の生き方（流儀）

これまで明かしてきたように、俺には俺なりの世間と対峙する流儀があり、それを会社へ全力で注ぎこんだ。誰がなんと言おうとそれは「現実」（実績）が証明する。

「現実」とは高橋の場合は「実績の数字」の意味を指す。当の本人にしてみれば当然であった。結句《けっく》、激変する時代の推移に向き合わざるを得ない現在の経営者との時代観念（経営概念）の温度差は、如何とも仕難いと映るが、出版人高橋一平による行為の内実を、端的に「時代錯誤」との結論で葬《ほおむ》るのは、いささか短絡的で無責任ではあるとも思う。

俺には出版事業への愛着がある。それは今でも拭えない。だから、残った社員たちが「新しい企画」を実現してほしいと心から願ってはいる。出版は「時代の窓」と信じてだが、俺は大手（出版社）に負けたくなかった。俺たちに出版への愛着があったから何があっても逃げなかったと言いきれる。その精神だけは継いで欲しいと若い社員には言いたい。

竹書房の光芒だけではなく、大仰に聞こえるかもしれないが出版界の「世直し（改革）」が俺の願望だった。それがすべて叶ったとは言わないが、自分を含めて「そのこと」を終生追い続ける気持ちに変わりはない。

「どんな形であっても出版人として時代の窓を閉めるな」との発言趣旨に聴いた。ただし、それが具体的に「どんな形なのか」が出版の近未来像として、それほど簡単なことではないのが現実なのだ。電子書籍に道筋を求める高橋にも明確なビジョンは不明に見える。

悲観的な事実ばかり集めても詮ない。俺は有利な事象を見逃す手はないことを学んだ。事件・事故、異常気象、古き良き時代のゲーム・それに生き方・健康などに「活字を活かす」のが今後の出版社の責任と

胆《きも》に銘じている。

追加取材開始を始めた時期(半年後)、眼を惹く新聞広告を見た。一面大のヘッドコピーに「紙は、炎上しない」(株・パイロットコーポレーション)が載り、「ペンを手に、わざわざ書くのは、時間がかかる。でも、その時間は、ココロとアタマを整える時間になる。PILOT」(朝日新聞2018・8・18付)。「活字文化」はたとえ劣化(毎年の流行語大賞に窺える筆者の感想)しても絶えることはないと感じつつ、言語はその時代を生きる人間の意思疎通手段と思い知る。

むろんのこと、「消えない紙文化」とお題目を唱えて、一種の休息感を唱えるつもりは筆者にない。第一に「消えない」などと誰が言いきれるだろうかと。

あと一言、言わせてもらいたい。人脈は知り得た相手との会話に詰まっているという実感だ。このことの経験は一出版人としてだけでなく、一人の人間として忘れたくない。

人は「言葉」で生きる。だが、言葉は思うだけでは生じない。「感じなければ言葉は発せられない」と考える。そして言葉は活字で残り、活字は次の世代に繋ぐ。ではあるが、言葉(言語)は変化する。旧世代にとってみれば現代用語が「劣化する」の表現が穏当でないというのであれば、流動する時代に沿って変化する言葉(言語)とは、世代間の「異質の感性の発露」、と言い換えられようか。

例えば、筆者世代（昭和生まれ）に違和感を拭えない現象で、昨今常套となった「ラ抜き言葉」がある。また、遥かに時代を戻ってしまったようなスマホでの「絵文字」がある。これらの文字変化は元来が、「人の言葉が存在して」の前提条件があっての現象であるはずだ。

広めた人脈をやみくもに頼るのではなく、ある意味、精査しながら成功の可能性を求めて出版業に徹して生きて来た。会話にその人間の知見と経験が詰まっている。人脈はこの業界に俺の夢があると覚悟し納得した結果を再認識させてくれた。

血眼《ちまなこ》になって最後まで諦めないで突っ走ってみようと決めた確信が、「俺の生き方（流儀）」になった。その結果で全身は傷だらけだが、負け惜しみではなく、むしろ心地いい気分でもある。

高橋の言い分を要約すると、「時代と面と向かう仕事」をしてきた、という信念だ。徹した理念によって、出版物が「時代の窓」を開き続けると信じてと付け加えて。ならば、この言質が「インタビューの締め」にし、その真意を母体として有終の「サヨナラ」と言いきるつもりか。

気障な言い方だが、「アイツの人生は痛快だった」と言われれば何も言い返せないほどうれしい。仕事を心がけ、日常で笑い（ユーモア）を事欠かなかった俺にサヨナラはないといった意味で（大笑い）。

「天敵は自分」という発想

「昭和の人間は時代遅れ」と言う者こそ、「過去に繋がる現在」という日常に気づいて欲しい。現在の俺は可能性を探り、あきらめていない。例えば、某大手新聞社との企画や、現代の先端を走る「秋元康」とも新しい企画を練っている。最後まで解任された(株)竹書房を「ウチ」と発言して恥じず、「高橋一平は死なず」だ。後輩にも俺の信念は伝える覚悟でいる。だから負け惜しみではなく俺の流儀からは逃げない。逃げられない。天敵は俺自身だからだ。

与えられた人生を真剣に生き抜いた男の一人として、紙の文化に携わり天職にさせてもらい感謝している。まだ終着駅ではないが、本心としてこれから迎える人生の終幕が俺に相応しかった、と思えれば本望だ。

高橋は取材の最後に、「俺にはまだやりたいテーマがある」と力説した。そのことが己の生き甲斐を加点する命の綱とでも言うように。それは電子書籍と並列しながら紙文化は絶滅しないと繰り返し、「出版へのサヨナラ」はないと言いきる。だが、既存する「紙の文化信仰」に頼りすぎていて構わないのか、といった疑念は筆者に残る。

新しい時代を迎えて出版業は絶滅しないだろうが、舵取りは難航を極める。出版界は電子書籍などとの共存を本格的に始め、書店はインターネットとの向き合い方を研究し、同時に、出版各社は読者に受け入れられる可能性が信じられる企画を選択し喫緊に出版時機を考察する。それが迫っている現実だ。

筆者は一年余の期間、「また出版事業を始めたい」と心境を明かす（令和元年秋の証言）高橋を取材中、「果《か》鋭《えい》」という言辞を思い浮かべた。「結実を危惧せずに果敢な決断力で突き進む気性」（広辞苑）の意である。果たして、出版人としての高橋一平の結実は、どんな像《かたち》を描くのか。最終章の幕はまだ降りない印象だ。

（文中敬称略／社歴・年齢は取材当時）

写真提供・高橋一平氏

あとがき［顛末の覚え書き］

始まりは、一本の電話

その朝、拙宅の電話が鳴った。野太い声音の主は、筆者と仕事上で二五年の付き合いがある竹書房会長（この時点では前会長）の高橋一平氏である。筆者とは約二年ぶりに会話を交わした。

彼の第一声は穏やかならぬ内容を含むものであった。それから約一時間、高橋氏は送話口を占領し、胸の内を語った。高橋氏の口調は終始、冷静さを保ちつつ、憤懣やるかたない調子を滲ませてもいた。内なる感情を込めて語り明かし、こちらの返答を躊躇させるほど緊迫を保った。

要件が、彼自身の「解任」への怒りの内奥と、事の経過を文章化したいという依頼と分かるまでに小一時間過ぎた後、主題は「出版（紙）文化」への問題提起と理解した。高橋氏と知己を得て長い期間を数えるが、秘書を通す以外に筆者に直接、電話連絡が入ったのは初めてである。ただし、すぐに単なる近況報告の電話にしては長時間過ぎると感じたが、真摯な「告白」は終始、出版への熱情と人間としての「流儀」で一貫していた。

結論として筆者は高橋氏の胸の内を理解し、取材・執筆を承諾した。取材場所はどこでも構わないと言うので、余人を入れない拙宅で行うこととなった。

ボルサリーノに秘めた決意

約束の最初の日、黒のボルサリーノにカシミヤのコート、ブラックスーツ姿の高橋氏は約束の時間より五分前に着いた。筆者も出来るだけ資料を集めておいて臨んだ。

開口一番、「竹書房に入って四五年、一度だって株主総会なんて開いたこともないのに、なんだこれはって俺は怒鳴ったよ」

これが高橋氏の開口一番であった。

総会と称した集まりの趣旨は本文中で明らかにしたように、高橋会長（当時）の「解任決議」に集中した。同業他社（集英社）で二三年間過ごした筆者に高橋氏は憤怒の核心を伝えようと向き合った。

高橋氏は「事実」のみを告白することで人の生き方を見据える縁とし、尚且つ、高橋戦略をとのことで紙文化への警鐘に据える。

再検証するのを前提条件に高橋氏は承諾した。筆者は高橋氏と真正面に向き合い、取材を掘り下げる旨の了解を冒頭に得た。

討論取材は約半世紀に亘る「高橋一平の生き方」と「出版事業の試行錯誤」の四方八方に及んだ。結果、高橋氏の人生が生半可ではなく、刻まれた年輪が浮き出て見えたが、出版社勤務のある筆者との考えの相違も多々あった。

「どんな人だって必ず成功できる。自分にこの言葉を言い続けていれば絶対に成功できるのです」と言い残したのはビートルズのジョン・レノンだが、高橋氏の波乱に満ちた幾星霜《いくせいそう》は本文に記したとおりだ。とは言え、筆者と出版企画の論点の異なる話題も噴出した。本著の核心は、互いの異論は敢えて承知で、出版事業に心血を注いできた「高橋一平の出版人生」を明らかにすることに尽きると思う。

但し、人に人生ありは常套句だが、高橋氏の人生には虚実皮膜の境界線が曖昧と感じる部分が散見したのも事実である。それが筆者の率直な印象だ。

さりながら、別角度から探れば、勇壮果敢な一編の冒険譚にも感じ、執筆を刺激されたことに偽りはない。高橋氏の語りに模糊として判別しにくい反面（ウラ取りは試みた）、自社（竹書房）の出版物を世に送りだしたいとの熱量が多くの人間に愛される心意気とも映った。

実際、「人は語ることで幾らかでも分かり合える存在」と信じ、「出版物は神の住処《すみか》」と感じさせる取材時間でもあった。

仮令、高橋氏の内実の告白が現実と遊離する側面はあっても、高橋氏が隠蔽なく語る履歴には、従来表面化しなかった出版事業の紆余曲折する現場の「実相」が見え、タイトロープ（スレスレの線上）を踏んできた高橋氏の人生行路の指針を、「難局から逃げない流儀」としてトータルで二三時間を超える取材で阿《おもね》ることなく筆者は訊き終えた気がする。

「追記」

取材はその後、高橋氏の一時的な体調不良もあり、主題の書き直しを含めて約一年半余に及んだ。結論として、本著の内容が型破りのある種、縦横無尽の対論となったのは、毀誉褒貶を背負う男の「逃げない人生」を軸に、出版業の現実を直視したいとの主旨に由ってであり、本著を目にして賛否両論あるのを承知で読者諸賢の知見に判断は委ねたい。

最後になったが主な参考文献・資料を挙げて（自著以外）深く謝したい。

「世界写真全集・第4巻ヌードフォトグラフィ」（集英社）「裸婦漫談」（小出楢重・1926）「人の心を動かす武器としての名言」（上之郷利昭・ナイスデイ・ブックス）「隠蔽捜査」（今野敏・新潮社）「クライマーズ・ハイ」（横山秀夫・文藝春秋）「姓名判断」（野末陳平・光文社）「『本を売る』などという仕事」（長岡義幸・潮出版社）「経営継承の鎖」（松田真一・日本経済新聞出版社）「アドベンチャー・ロマン・シリーズ17・ウルトラマン」（竹書房）「心では重すぎる」（大沢在昌・文藝春秋）「信長」（秋山駿・新潮社）「編集者とはどういう人たちか」（小菅宏・はまの出版）「ざっくばらんトップ登場」（日本工業新聞／1994・10・31付）「時遊人」（スポーツニッポン／1994・10・31付）「竹書房」（流通サー

ビス新聞／1994・11・11付）「トップ群像アントレプレナー奮戦記」（毎日新聞／2001・1・26付）「「読書トレンディ」（読売新聞／2001・3・10付）「トップ直撃」（夕刊フジ／2009・2・10付）。週刊文春・週刊現代・週刊新潮などの記事を参考にさせていただいた。（順不同）

その他、多数の資料とともに高橋氏の多くの私的友人、知人、家族と、業界関係者（計二十一名）に協力してもらった。有り難い気持ちを拙文では言い表せない。当然、取材に応じられない、または、取材には応じても「匿名希望」の方もいらっしゃったのを追記したい。春日俊一（株）アルファベータブックス代表取締役の深い理解と、加えて、末筆ながら本著出版に際しての協力者の方たちにも感謝の意を捧げて擱筆する。

令和の好日　東京・西荻窪にて　　小菅 宏

小菅 宏（こすが・ひろし）
作家。東京都出身。立教大学（在学中「シナリオ研究所」終了）卒業後、株式会社集英社入社。週刊・月刊誌の編集を経て1990年独立。人間と社会の繋がりを探るドキュメント手法に拘る。
主な著書「芸能をビッグビジネスに変えた男」（講談社）「琵琶湖周航の歌・誕生の謎（点字選書認定）」（NHK出版）「アイドル帝国ジャニーズ50年の光芒」（宝島社）「僕は字が読めない・読字障害と戦いつづけた南雲明彦の24年」（集英社インターナショナル）「八百字のありがとう、さようなら。（東京都選定図書）」（主婦と生活社）「泣いて、笑って、母でよかった」（WAVE出版）「姉・美空ひばりと私」（共著・講談社）「美空ひばりの遺言」（KKベストセラーズ）「小説ストリートゲリラ・大藪晴彦選」（ワールドフォトプレス）「集英社版・学習漫画・世界の歴史16（シナリオ）」「美空ひばりと島倉千代子 戦後歌謡史・禁断の12000日を解き明かす」（アルファベータブックス）。最近著「異能の男ジャニー喜多川～悲しき楽園の果て～」（徳間書店）は新聞（毎日・日経）・週刊誌（文春・新潮・朝日・ポスト）・TV（NHK・フジ・TBS・テレビ朝日・毎日放送）・RKB福岡他のラジオで取り上げられる。本著は60冊目の上梓。
「荻野目慶子写真集・SURRENDER」（講談社）のプロデュースは36万部を記録。「江戸のおんなシリーズ（原作）」（問題小説連載）。天馬飛呂志の名で劇画原作（近代麻雀・週刊漫画・漫画大衆連載他）。全国で講演多数。クルマと古典落語（談志・志ん朝）、カラオケ（ムード歌謡）、昭和プロレス（力道山＆馬場・猪木）を愛する。

逃《に》げない流儀《りゅうぎ》

四千億円稼《よんせんおくえんかせ》いで「解任《かいにん》」された出版界《しゅっぱんかい》の革命児《かくめいじ》 高橋一平《たかはしいっぺい》（前竹書房会長《ぜんたけしょぼうかいちょう》）

発行日　2020年2月16日　初版第1刷

著　者　小菅 宏

発行人　春日俊一
発行所　株式会社アルファベータブックス
〒102-0072 東京都千代田区飯田橋2-14-5
Tel 03-3239-1850　Fax 03-3239-1851
website http://ab-books.hondana.jp/
e-mail alpha-beta@ab-books.co.jp
印　刷　株式会社エーヴィスシステムズ
製　本　株式会社難波製本
ブックデザイン　アンシークデザイン

ISBN 978-4-86598-076-9　C0095